Über den Autor

Geboren in Deutschland, studierte Edgar Rothermich Musik an der Berlin und graduierte 1989 mit einem Master-Abschluss am Klavier und als Tonmeister. Er arbeitete als Komponist und Musikproduzent in Berlin und zog 1991 nach Los Angeles, wo er seine Arbeit an zahlreichen Projekten in der Musik- und Filmindustrie fortsetzte ("The Celestine Prophecy", "Outer Limits", "Babylon 5", "What the Bleep do we know", "Fuel", "Big Money Rustlas").

In den letzten 20 Jahren hatte Edgar eine erfolgreiche musikalische Partnerschaft mit Christopher Franke, einem Pionier im Gebiet der elektronischen Musik und Gründungsmitglied der Gruppe Tangerine Dream. Über diese Zusammenarbeit hinaus arbeitete Edgar mit anderen Künstlern zusammen, jedoch auch an eigenen Projekten.

In 2010 begann er seine Solo-Aufnahmen der "Why Not ..."-Serie mit verschiedenen Stilen und Genres zu veröffentlichen. Die aktuellen Releases sind "Why Not Electronica", "Why Not Electronica Again", "Why Not Solo Piano" und "Why Not 90s Electronica". Dieses bisher unveröffentlichte Album wurde in 1991/1992 von Christopher Franke produziert. Alle Alben gibt es bei Amazon und iTunes wie auch das neueste Release in 2012, das Re-Recording des Blade Runner Soundtracks.

Neben dem Komponieren von Musik schreibt Edgar Rothermich technische Anleitungen in einem besonderen Stil. Er legt den Fokus auf umfangreiche Grafiken und Diagramme, um komplexe Zusammenhänge und Funktionsweisen von Software-Programmen in seiner bekannten GEM-Serie (Graphically Enhanced Manuals) zu erklären. Seine Bestseller sind bei Amazon, in Apple' iBookstore und als PDF-Download erhältlich.

www.DingDingMusic.com   GEM@DingDingMusic.com

Über GEM (Graphically Enhanced Manuals)

VERSTEHEN, nicht nur LERNEN

Was sind **G**rafisch **E**rweiterte **M**anuale? Sie sind eine neue Art von Anleitung mit visueller Unterstützung, die dabei helfen, ein Programm zu VERSTEHEN und es nicht nur zu LERNEN. Sie brauchen sich nicht durch 500 Seiten trockener Erklärungen zu kämpfen. Umfangreiche Grafiken und Diagramme helfen Ihnen dabei, den „AHA"-Effekt zu erlangen und erleichtern es, selbst schwierige Zusammenhänge zu begreifen. Mit den Grafisch Erweiterten Manuals können Sie eine Software schneller und mit einem viel tieferen Verständnis des Konzepts, der Funktionen und Arbeitsweisen auf eine leicht verständliche und sehr intuitive Art und Weise verstehen.

Über die Formatierung

Rot gefärbter Text gibt Tastatur-Shortcuts an. Ich verwende die folgenden Abkürzungen: **sh** (Umschalt-Taste), **ctr** (Control-Taste), **alt** (Wahl-Taste), **cmd** (Befehl-Taste). Ein Plus zwischen den Tasten gibt an, dass all diese Tasten zur gleichen Zeit gedrückt werden müssen: **sh+alt+K** bedeutet, dass shift-, alt- und K-Taste zur selben Zeit gedrückt werden müssen. **Ctr +klick** entspricht **Rechter Maustaste**.

Braun gefärbter Text zeigt Menü-Befehle an, mit einem größer-als-Zeichen (>) weist er auf Untermenüs hin. *Bearbeiten > Ursprungsdatei > Alles* bedeutet: "Geh zum Bearbeiten-Menü, scroll runter bis Ursprungsdatei und wähle das Untermenü Alles.
Blaue Pfeile deuten auf ein Menü hin, das geöffnet werden kann

Übersetzung

Gabriele Weßling - www.finalcutprox-berlin.de

Diese Anleitung basiert auf Compressor 4.0.4

ISBN-13: 978-1477666289
ISBN-10: 1477666281

Einleitung

Das rothaarige Stiefkind

Compressor war immer eine beigefügte Applikation, die niemals die gleiche Liebe und Aufmerksamkeit bekommen hat wie Apple's andere und größere Vorzeige-Applikationen. Außer einigen Hardcore-Usern haben nicht viele Cutter das Potential voll ausgeschöpft. Das Programm war auch im Bundle mit Logic Pro enthalten. Aber Komponisten und Toningenieure, die Logic benutzen, haben oft keine Ahnung, was sie damit anfangen sollen und werden von dem ganzen Video-Fachjargon, das den meisten unbekannt ist, abgeschreckt.

Es scheint, dass Compressor nicht einmal von seinem Schöpfer Apple die Liebe bekommt, die es verdient. Mit der Veröffentlichung von FCPx wurde ein neuer Look - dunkel und cool - eingeführt. Auch Motion bekam diese neue Benutzeroberfläche (GUI), aber Compressor? Obwohl das Upgrade von Compressor 3 zu Compressor 4 ein bedeutender Schritt nach vorne war, hat sich am Aussehen nicht viel verändert. Vor allem behielt es sein graues „Retro"-OS9-Aussehen. Natürlich hilft das nicht, den Nutzer neugierig zu machen, damit er Compressor eine zweite Chance gibt.

Der Fakt, dass Sie dieses Manual lesen, ist ein Indiz dafür, dass Sie trotzdem neugierig auf Compressor 4 sind. Dieses Manual wird Sie hoffentlich dabei unterstützen, das nötige Verständnis zu erlangen, damit das Programm ein nützliches Werkzeug bei Ihrer Arbeit als Video-Editor, Komponist oder als jemand, der mit der Umwandlung von Audio- und Video-Dateien zu tun hat, werden kann.

Was ist Compressor?

Compressor ist ein Dienstprogramm und kein vollwertiges Produktions-Programm wie FCPx oder Logic Pro. Es erstellt keinen Inhalt. Sie nehmen stattdessen vorhandenen Inhalt (Quell-Mediendateien) und ändern diese Quell-Mediendatei zu einer neuen, auf benutzerdefinierten Parametern und Einstellungen basierenden Ausgabedatei. Dieser Prozess wird auch kodieren oder konvertieren genannt.

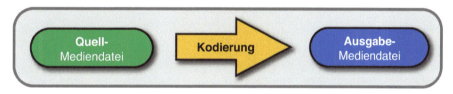

Das ist es, schlicht und einfach. Auch wenn der Compressor in manchen Bereichen sehr komplex sein kann, gibt es nicht viele Funktionen, in denen man sich verlieren kann. Wenn Sie erst einmal einen Überblick haben, was Sie damit machen, können Sie sich die Bereiche, die Sie für Ihren Workflow benötigen, herauspicken und andere Funktionen einfach ignorieren oder sie später einbinden, wenn Sie sich besser damit auskennen.

Hier ist ein Beispiel für drei unterschiedliche Typen von Compressor-Anwendern, basierend auf deren Erfahrungsstand:

➡ Gelegentliche Anwender

Ein Anwender kann Audio- und Video-Dateien konvertieren und dafür ein paar einfache, aber mächtige Funktionen, die nicht in iTunes und Quicktime enthalten sind (beide Programme haben einfache Kodierungsfunktionen eingebaut), verwenden. Eine andere mögliche Anwendung auf einem einfachen Level wird vom neuen FCPx bereitgestellt. Manche Funktionen aus früheren FCP-Versionen sind nicht mehr in FCPx verfügbar und können nur noch mit Compressor ausgeführt werden (Kapitelmarker, partieller Videoexport etc.). Das zwingt FCPx-Nutzer dazu, mit Compressor zu arbeiten, auch wenn sie es in der Vergangenheit vermieden haben.

➡ Audio/Video Professionals

Auf dem nächsten Level ist der Anwender mit den meisten einfachen und erweiterten Video-Parametern deutlich vertrauter. Er nutzt den Vorteil, dass er die Video- und Audio-Umwandlungen bis ins feinste Detail modifizieren und steuern kann. Im Audiobereich könnte das bedeuten, auch mit Surround-Dateien umzugehen.

➡ Netzwerk-Administrator

Für die versiertesten Nutzer unterstützt Compressor Funktionen, die Video- und Audio-Profis eher unbekannt sind. Hier sprechen wir über das Gebiet der System-Administration. Die Komponenten, die für diese Aufgaben zuständig waren, fand man als zusätzliches Programm (Apple Qmaster) in Final Cut Studio, aber nun sind sie in Compressor integriert. Erschrecken Sie sich nicht. Auch wenn Sie kein System-Administrator einer großen Postproduction-Firma sind, können Sie diese Funktionen nutzen. Mit einem kleinen Netzwerk von zwei bis drei Rechnern an Ihrem Arbeitsplatz können Sie mit dieser Technologie herumspielen und sehen, ob Sie den Vorzug einer kleinen eigenen Renderfarm nutzen möchten.

Einleitung   3

Terminologie

Bevor wir uns die Programmoberfläche (GUI) ansehen, machen wir uns als erstes mit den Fachausdrücken vertraut. Ich führe die verschiedenen Begriffe mit Schritt-für-Schritt-Illustrationen ein, die die Funktionsweise von Compressor in einfachen Bausteinen aufzeigt. Diese Bausteine repräsentieren die verschiedenen Elemente oder Komponenten in der grafischen Oberfläche von Compressor, die ich später erklären werde.

● Hier sehen Sie nochmals die Grundfunktion von Compressor mit seinen drei Elementen:

Quell-Mediendatei

Das ist die ursprüngliche Mediendatei, die Sie im Compressor verändern wollen. Beachten Sie, dass es eine „Medien"-Datei ist. Wir sprechen nicht über Textdateien, Tabellen oder etwas in dieser Art. Es ist zwar einleuchtend, aber ich dachte, dass ich besser darauf hinweise. Später werde ich darauf eingehen, welche speziellen Mediendateien im Compressor kodiert werden können.

Kodierung

Das Kodieren ist das Herz von Compressor, also seine Hauptfunktion.

Ausgabe-Mediendatei

Die kodierte Ausgabe-Mediendatei wird von Compressor erstellt. Sie ist mit allen darauf angewendeten Kodierungseinstellungen das Ergebnis der Quell-Mediendatei.

● Hier sehen Sie die gleiche Illustration mit einer genaueren Darstellung dessen, was innerhalb des Kodierungsmoduls von Compressor geschieht. Es ist aus drei weiteren Elementen zusammengesetzt.

Einstellungen

Einstellungen entsprechen Makros für bestimmte vorgegebene oder benutzerdefinierte Kodierungsprozesse. Sie enthalten alle Anweisungen, die entscheiden, wie Einstellungen und Attribute für die Quell-Mediendatei verändert werden sollen. Das ist das wichtigste Element von Compressor.

Zielort

In diesem Bereich legen Sie den Zielort der Ausgabe-Mediendatei fest. Mit anderen Worten: Wo speichert Compressor die kodierte Ausgabe-Mediendatei hin.

Name

Das ist selbsterklärend, also der Name, den Compressor der kodierten Ausgabe-Mediendatei gibt.

Die nächste Illustration ist unverändert. Ich habe dem Bereich mit den drei Kodierungselementen nur einen Namen gegeben. Diesen Bereich nenne ich „Ziel".

Ein Ziel definiert einen einzelnen Kodierungsschritt: „Nehme eine Quell-Mediendatei und füge bestimmte Einstellungen, Zielort und Name hinzu, um eine bestimmte Ausgabe-Mediendatei zu erstellen."

Die nächste Grafik fügt eine weitere Ebene hinzu. Der neue Begriff ist **Auftrag.**

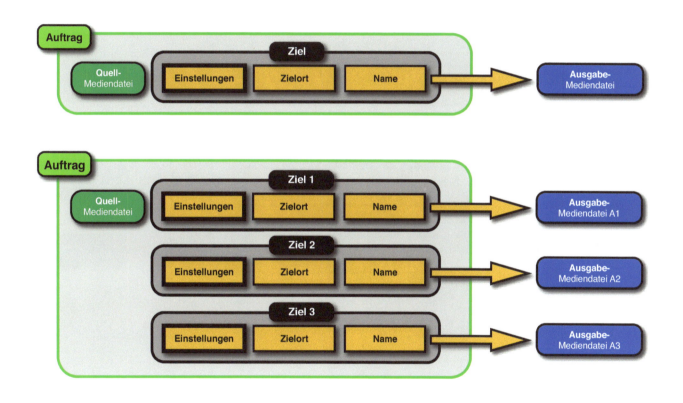

<table>
<tr><td>Auftrag</td></tr>
</table>

Ein Auftrag definiert beide Bereiche: Die Quell-Mediendatei und das Ziel (welches seinerseits Einstellungen, Zielort und Name enthält). Wie Sie in der zweiten Grafik sehen, können Sie verschiedenen Ziele für ein und dieselbe Quell-Mediendatei festlegen. Zum Beispiel wählen Sie eine Quell-Mediendatei und kodieren diese gleichzeitig auf verschiedene Arten und haben am Ende unterschiedliche Ausgabe-Mediendateien. So können Sie einen hochauflösenden Quicktime-Film, eine kleinere Version für iPhones erstellen und noch eine auf YouTube hochladen. Alle diese Anweisungen können in einen Auftrag stecken.

Also beschreibt ein Auftrag eine Mediendatei und ein oder mehrere Ziel(e).

● Ein Auftrag kann jedoch nicht eigenständig im Compressor existieren. Er muss zu einem *Stapel (Batch)* gehören.

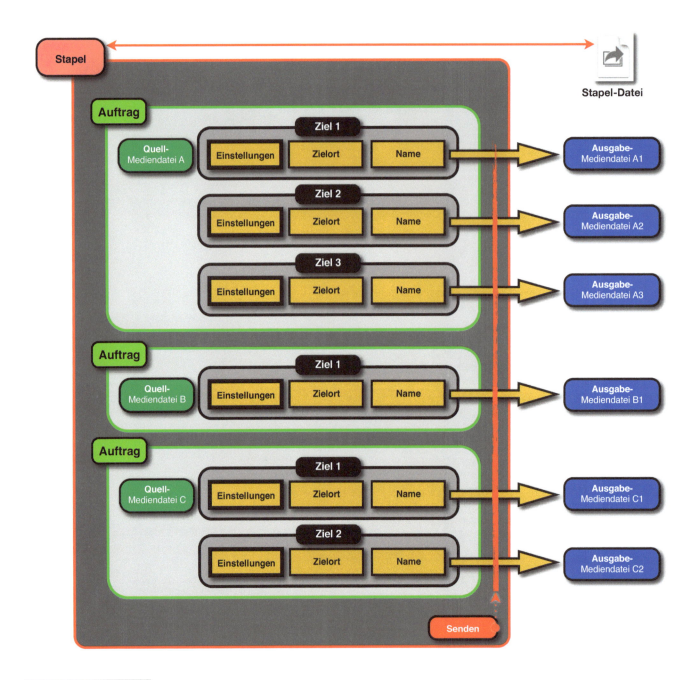

Stapel

Ein Stapel kann einen oder mehrere Aufträge enthalten. Mit all seinen konfigurierten Aufträgen und Zielen kann er als Stapelliste auf der Festplatte gespeichert werden und später wieder in Compressor geöffnet werden. Auf diese Weise können Sie die Einstellungen schon vornehmen und das eigentliche Kodieren zu einem späteren Zeitpunkt, wenn der Computer gerade nicht gebraucht wird (am Wochenende oder über Nacht), vornehmen.

Senden

Mit diesem Befehl starten Sie den Kodierungsprozess. Beachten Sie, dass Sie einen Auftrag nicht direkt bearbeiten können. Sie müssen immer einen Stapel bearbeiten und damit die darin liegenden Aufträge - auch wenn es nur einer ist.

● Technisch gesehen gibt es einen weiteren Baustein ohne einen bestimmten Namen. Es ist der Compressor selber.

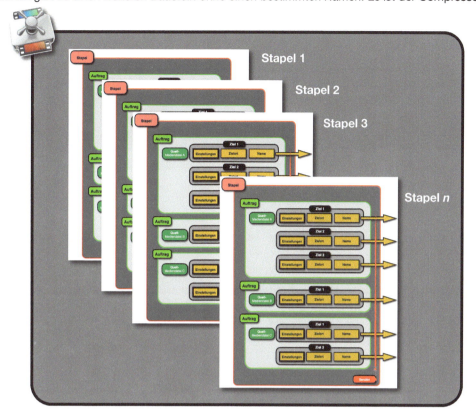

Compressor

In Compressor können sogar mehrere Stapel gleichzeitig geöffnet sein, genauso wie ein Textverarbeitungsprogramm mehrere Textdokumente zur gleichen Zeit geöffnet haben kann.

Sie können also mehrere Stapel in Compressor geöffnet haben. Das einzige, was Sie beachten müssen, ist, dass jeder Stapel seine eigene „Senden"-Taste hat, mit der Sie den Kodierungsprozess unabhängig von anderen Stapeln starten können. Wir werden später sehen, dass Sie nicht warten müssen, bis ein Stapel abgearbeitet ist, um einen neuen zu senden. Die Kodierungsaufträge als Teil eines Stapels liegen, ähnlich wie bei einem Netzwerkdrucker, in einer Warteschlange. Denken Sie daran, dass ein Textverarbeitungsprogramm das Dokument auch nicht sofort druckt, wenn Sie die „Drucken"-Taste drücken. Es wird an den Drucker-Puffer und das Dienstprogramm übergeben, das den Druck einleitet. Ähnlich funktioniert es beim Compressor, der nicht direkt den Kodierungsprozess ausführt. Sie nehmen hier nur die Konfiguration für die Kodierung vor und der „Senden"-Befehl sendet an das Dienstprogramm, welches den Vorgang erledigt. Ab diesem Moment können Sie Compressor schließen.

● Ein Kodierungsprozess im Zusammenhang

Unabhängig davon, ob Sie eine oder mehrere Kodierungsaufträge vornehmen wollen, ist die Reihenfolge immer die gleiche. Wenn Sie das folgende Diagramm mit seinen Elementen (Bausteinen) im Kopf behalten, dann verlieren Sie später nicht die Übersicht in Compressor. Hier ein Beispiel für eine einfache Kodierungsaufgabe, die alle Elemente zeigt.

Compressor öffnen - Stapel erstellen (oder vorhandenen nutzen) - Auftrag erstellen (oder vorhandenen nutzen) - Quell-Mediendatei für diesen Auftrag auswählen - Ziel mit gewünschten Einstellungen, Zielort und Name erstellen - die „Senden"-Taste drücken - die Ausgabe-Mediendatei wird erstellt.

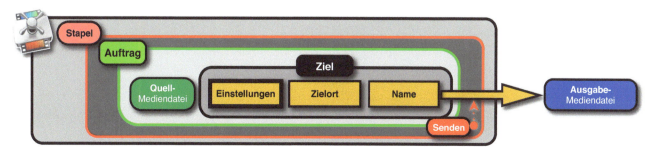

Programmoberfläche

Normales Fensterverhalten

Ich denke, wir sollten uns die Zeit nehmen, die Benutzeroberfläche mit seinen unterschiedlichen Fenstern vollständig zu verstehen, bevor wir einen Schritt weitergehen. Dadurch werden wir, wenn wir tiefer in die detaillierte Funktionsweisen der Kodierungseinstellungen eingetaucht sind, nicht durch das erwartete und unerwartete Verhalten von manchen Fensterelementen abgelenkt.

Compressor ist ein dokumentbasierendes Programm wie jedes Textverarbeitungsprogramm oder eine Tabellenapplikation. Das bedeutet auch, dass die Fensteranordnung einfachen Konventionen folgt.

Compressor hat sechs Hauptfenster. Anstatt sie jetzt aufzulisten und zu erklären, wofür sie da sind, möchte ich sie im Vergleich zu einem dateibasierenden Programm kategorisieren.

Normalerweise gibt es drei Arten von Fenstern in einem dateibasierenden Programm und diese finden Sie auch im Compressor:

- **Dokumentfenster**: In diesem Fenster wird Ihr Dokument angezeigt (z.B. Textdokument, Tabelle). Im Fall von Compressor entspricht es dem Stapelfenster. Jeder Stapel, den Sie öffnen, erscheint in einem eigenen Stapelfenster.

- **Anwendungsfenster**: Das sind alle Fenster, die keinen Bezug zu einem bestimmten Dokument haben. Sie enthalten zusätzliche Informationen, Auswahlmöglichkeiten und Werkzeuge.

- **Verknüpfte Fenster**: Diese Art von Fenstern zeigt Informationen über das momentan ausgewählte Dokument oder den Inhalt eines anderen Fensters. Das Informationenfenster ist das am häufigsten gebrauchte Fenster dieser Art. Das Vorschaufenster in Compressor gehört zur gleichen Art. Es zeigt den Inhalt der ausgewählten Aufgabe im Stapelfenster.

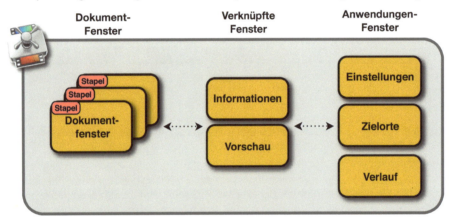

Neben diesen sechs Hauptfenstern gibt es ein paar weitere Fenster. Sie beziehen sich alle auf erweiterte Compressor-funktionen oder auf eine eigenständige Applikation:

- Apple Qmaster Sharing
- Share Monitor (eigenständiges Programm)
- Apple Qmaster (eigenständiges Programm)

Das Unterscheiden von Fensterarten ist wichtig, wenn Sie bedenken, was geschieht, wenn Sie ein Fenster schließen:

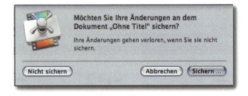

- Wenn Sie das Stapelfenster schließen, schließen Sie auch das Dokument. Das bedeutet, dass Sie, wenn Sie ungesicherte Veränderungen in der Stapelliste haben, gefragt werden, ob Sie das Stapel-Dokument sichern wollen.

- Alle anderen Fenster können jederzeit geschlossen oder geöffnet werden.

Tabs

Compressor nutzt eine weitere Layout-Ansicht - Tabs. Sie funktionieren wie in vielen Web-Browsern. Anstatt mit vielen geöffneten Fenstern, die viel Platz auf dem Monitor benötigen und schnell unübersichtlich werden, arbeiten Sie nur mit einem Hauptfenster und zusätzliche Fenster werden jeweils durch ein Tab repräsentiert, auf das Sie klicken können, um sich den Inhalt anzeigen zu lassen. Der Nachteil ist, dass Sie sich jeweils nur ein Fenster zur gleichen Zeit anzeigen lassen können.

Normalerweise arbeiten Sie in einer gemischten Umgebung, wo Sie Fenster als Tabs in einem Hauptfenster haben, diese jedoch als eigenständiges Fenster herausziehen können, wenn Sie den Inhalt von zwei Fenstern nebeneinander sehen möchten.

Compressor's Fensterverhalten

Jetzt, wo wir das normale Fensterverhalten kennen, schauen wir uns an, wie Apple diese Techniken in einer etwas unübersichtlichen Art in Compressor integriert hat. Aber wenn wir diese Ungereimtheiten (oder Fehler) erkannt haben, irritiert uns dieses Verhalten nicht und wir können uns auf unsere Arbeit konzentrieren.

So sieht die Fensteranordnung aus, wenn Sie Compressor zum ersten Mal öffnen. Was aussieht wie ein großes Fenster besteht eigentlich aus fünf Fenstern, die in einer bestimmten **Anordnung** direkt aneinander liegen.

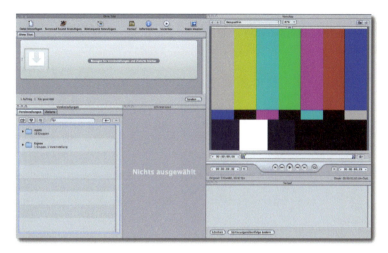

Schauen wir uns die sechs Hauptfenster genauer an. Mein Fokus wird anfangs auf der Verhaltensweise jedes einzelnen Fensters und dessen Gebrauch in der Compressor-Benutzeroberfläche liegen. Später werde ich ins Detail gehen und die Funktion aufzeigen.

Fenstermenü

❶ Im unteren Teil des Fenstermenüs werden alle offenen Stapelfenster aufgelistet, wobei das gerade aktive Fenster mit einem Haken markiert ist. Das Stapelfenster wird nur angezeigt, wenn es als eigenes Fenster vorliegt. Wenn das Stapelfenster fünf Stapel als fünf Tabs enthält, wird hier nur das gerade ausgewählte Stapelfenster aufgelistet.

❷ Der mittlere Bereich des Fenstermenüs zeigt die Befehle für die anderen fünf Hauptfenster. Seltsamerweise wurden allen Fenstern Shortcuts zugewiesen - außer dem Informationenfenster! Wenn Sie hier einen Befehl auswählen, wird das jeweilige Fenster geöffnet oder, wenn es schon offen ist, aktiviert.

❸ Eine Anordnung legt fest, wie die sechs Hauptfenster auf dem Bildschirm angeordnet sind. Der *Anordnungen*-Befehl öffnet ein Menü mit fünf Standard-Anordnungen ❹. Sie können jedoch die Fenster so anordnen, wie Sie es bevorzugen und diese Anordnung mit dem Befehl *Anordnung sichern ...* im Hauptmenü oder dem Befehl *Fensteranordnung sichern ...* im Untermenü abspeichern. Beide Befehle öffnen das gleiche Fenster ❺. Hier können Sie der Fensteranordnung einen Namen geben. Die gleiche Unstimmigkeit haben die beiden Befehle *Anordnungen verwalten...* und *Fensteranordnungen bearbeiten...*, die beide das Fenster zum Bearbeiten der Anordnungen-Liste öffnen ❻. Wenn Sie Compressor starten, erinnert es sich an die letzte Fensteranordnung, mit der Sie das Programm verlassen haben.

Die Anordnungen werden unter "*Benutzer"/Library/Application Support/Compressor/Layouts/*gespeichert. Sie können die Dateien zwischen Computern verschieben (aber nicht, während Compressor gestartet ist).

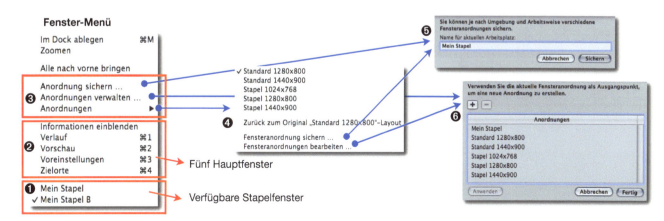

➡ Stapelfenster

Das Stapelfenster ist das wichtigste Fenster, da es das „Dokument" innerhalb des Programms repräsentiert. Wie ich zuvor erwähnt hatte, ist das die einzige Fensterart, die mehrere Fenster enthalten kann.

Symbolleiste

Eine Besonderheit des Stapelfensters ist, dass es eine Symbolleiste hat. Sie können diese Symbolleiste, wie auch bei anderen OS X-Programmen, Ihren Bedürfnissen anpassen. Sie lässt sich auch komplett ausblenden. Beachten Sie, dass sich das Aussehen der Befehle und Elemente der Benutzeroberfläche unter OS X 10.6 (Snow Leopard) und 10.7 (Lion) leicht unterscheidet.

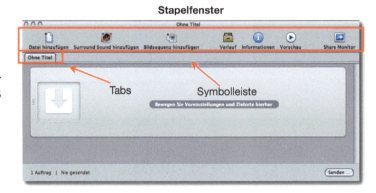

Dateimenü

Die meisten Befehle im Dateimenü hängen mit dem Stapelfenster zusammen.

Die *Neuer Stapel* - *Öffnen* - *Sichern* -Befehle beziehen sich auf den Stapel als Dokument in Compressor.

Der *Fenster schließen*-Befehl berührt jedes der sechs Hauptfenster, wenn es gerade aktiv ist (erkennbar am helleren Balken oben im Fenster).

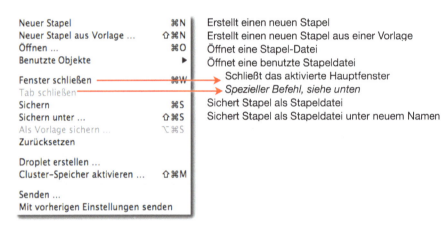

Beachten Sie, dass jeder neue Stapel, den Sie im Compressor öffnen (mit dem *Neuer Stapel* oder *Öffnen* -Befehl) kein neues Stapelfenster erstellt. Stattdessen wird ein neues Tab im aktiven Stapelfenster geschaffen.

Hier gibt es eine Kleinigkeit, die übersehen werden könnte.

❶ Wenn das Stapelfenster nur ein Tab hat, dann ist der *Tab schließen*-Befehl inaktiv und der *Fenster schließen*-Befehl mit dem Shortcut **cmd+W** schließt das Fenster.

❷ Wenn das Stapelfenster mehr als ein Tab enthält und es ist eines davon aktiv, dann ist der *Tab schließen*-Befehl auswählbar. Diesem ist nun den Shortcut **cmd+W** zugewiesen! Der Befehl *Fenster schließen* hat jetzt einen anderen Shortcut **sh+cmd+W** zugewiesen bekommen.

Das könnte etwas verwirrend erscheinen, außer Sie denken an den Shortcut **cmd+W** als *Stapel schließen*. Dann ist es egal, ob es sich hierbei um ein alleinstehendes Fenster (Fenster schließen) oder eines der Tabs in dem Fenster (Tab schließen) handelt.

Tabs

❶ Die folgenden Screenshots demonstrieren den Umgang mit Tabs. Das Beispiel beginnt mit einem Stapelfenster, das drei (Stapel)-Tabs enthält: „Mein Stapel A", „Mein Stapel B" und „Mein Stapel C".

❷ Sie haben zwei Möglichkeiten, um einen der Stapel in ein separates Fenster zu bewegen:

▸ Rechtsklick-Aktion: **Rechtsklick** auf das Tab und im kleine Befehlsfenster *Titel freistellen* auswählen.

▸ Klicken und ziehen-Aktion: **Klicken-Ziehen** des Tabs aus dem Tab-Leiste. Ein halbtransparentes "Geister-Fenster" trennt sich vom Hauptfenster, um die Teilung in ein neues Fenster zu symbolisieren.

Rechtsklick-Aktion   **Klicken-Ziehen-Aktion**

❸ Bei beiden Aktionen haben Sie am Ende zwei Stapelfenster. Eines enthält die beiden Stapel „Mein Stapel A" und „Mein Stapel B". Das zweite Fenster enthält „Mein Stapel C".

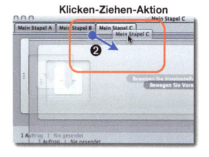

❹ Sie können mit den beiden gleichen Aktionen die Stapel in die entgegengesetzte Richtung bewegen und damit ein Stapeltab von einem Stapelfenster in ein anderes Stapelfenster verschieben.

▸ Rechtsklick-Aktion: **Rechtsklick** auf den Tabbereich (nicht das Tab!) des Ziel-Stapelfensters. Eine Popupliste zeigt alle momentan geöffneten Stapel (unabhängig von Anordnung der Fenster). Diejenigen mit dem Haken sind Stapel in diesem Fenster. Die ohne Haken sind Stapel, die in anderen Stapelfenstern liegen. Wenn Sie einen dieser Stapel auswählen, wird er in das aktuelle Fenster bewegt.

▸ Klicken und ziehen-Aktion: **Klicken-Ziehen** eines Tabs aus irgendeinem Stapelfenster in den Tabbereich eines anderen Stapelfenster. Ein kleines „Geister-Fenster" zeigt die Bewegung. Wenn der Tabbereich des Zielfensters einen blauen Rahmen bekommt, lassen Sie die Maustaste los und das Tab rastet im Zielfenster ein.

Rechtsklick-Aktion   **Klicken-Ziehen-Aktion**

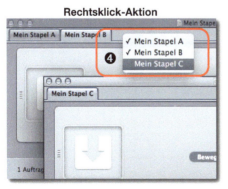 

❺ Nun haben Sie wieder nur ein Fenster, welches die drei Stapel „Mein Stapel A", „Mein Stapel B" und „Mein Stapel C" enthält.

Natürlich können Sie die Stapel durch Verschieben nach links oder rechts in diesem Fenster umsortieren.

➡ Voreinstellungen-Fenster

➡ Zielorte-Fenster

Die Beziehung zwischen dem Voreinstellungen-Fenster und dem Zielorte-Fenster ist schwer zu verstehen. Dieser Anordnung in der Benutzeroberfläche macht nicht viel Sinn. Es ist verwirrend und möglicherweise fehlerhaft.

- Der Befehl für das Öffnen des Zielorte-Fensters oder des Voreinstellungen-Fensters führt dazu, dass ein Fenster geöffnet wird, das zwei Tabs enthält, eines für die Voreinstellungen und eines für die Zielorte.

- Sie können die gleichen „Rechtsklick" oder „Klicken und Ziehen"-Aktionen benutzen, um sich die Fenster einzeln anzeigen zu lassen. Benutzen Sie die gleichen Techniken, um sie wieder zusammenzuführen.

Aber jetzt wird es etwas sonderbar:

- Wenn zum Beispiel das Stapelfenster mehrere Stapel enthält, werden diese in der Tabliste des Voreinstellungen- oder Zielorte-Fensters angezeigt. Sie können diese Stapel in das Voreinstellungen oder das Zielorte-Fenster verschieben.

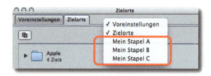

- Das erste Tab im Stapelfenster ist jedoch nicht in der Liste verfügbar.

- Stapel können als Tabs zum Voreinstellungen- und Zielorte-Fenster hinzugefügt werden, aber das Voreinstellungen- und Zielorte-Fenster kann nicht in ein Stapelfenster bewegt werden. Im Manual wird gesagt, dass das möglich sei, aber ich habe es nicht hinbekommen, weder unter Snow Leopard noch unter Lion.

- Nach dem Herumschieben von Tabs zwischen Fenstern zeigt die Liste nicht mehr alle verfügbaren Stapeltabs an. Nach einem Neustart ist alles wieder normal (scheint ein Fehler zu sein) .

- Andere Hauptfenster (z.B. Verlauf) können nicht in das Voreinstellungen- oder Zielorte-Fenster verschoben werden.

Ich weise auf das alles hin, damit Sie sich darüber bewusst sind. Sie können nun entscheiden, entweder diesen widersprüchlichen und fehlerhaften Teil der Programmoberfläche zu verwenden oder nur vorbereitet zu sein, wenn Sie damit berührt werden und ihn ansonsten ignorieren. Meine Vermutung ist, dass Apple sich nicht viel Mühe gegeben hat, den alten Code zu bereinigen. Das passt zu der mangelnden Aufmerksamkeit, die schon beschrieben wurde, als wir uns einen Überblick über das Programm verschafft haben.

➡ Verlauf

Dieses Fenster ist ein klares Programmfenster, das geöffnet und geschlossen werden kann, aber es lässt sich nicht mit anderen Fenstern kombinieren.

➡ Vorschau

Das Vorschaufenster ist ebenso ein eigenständiges Fenster, das mit dem momentan ausgewählten Stapel verbunden ist.

➡ Informationen

Das ist das zweite verbundene Fenster. Es zeigt seinen Inhalt abhängig von anderen Fenstern oder Elementen an. Es ist das einzige Fenster, dass in seiner Größe nicht verändert werden kann.

Das Informationenfenster hat zwei Anomalien, wenn man es mit einem typischen Informationen-fenster aus anderen Programmen vergleicht.

- Es ist kein überlagerndes Fenster, kann also von anderen Fenstern verdeckt werden.

- Es ist das einzige Fenster, das nicht durch einen Shortcut aufgerufen werden kann. Selbst der Apple-Standard **alt+cmd+I** funktioniert nicht. Vielleicht ein weiterer Fall von schludrigem Design?

➡ Alle sechs Hauptfenster

Zum Schluss lassen Sie uns alle sechs Hauptfenster im Zusammenhang mit der Fensterart vergleichen.

▸ **Dokumentfenster**: Im Fall von Compressor sind dies die Stapelfenster.

Stapel

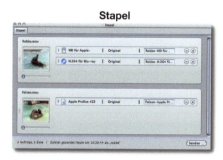

▸ **Anwendungsfenster**: Diese Fenster zeigen allgemeine programmabhängige Informationen. Dazu gehören das Voreinstellungen-Fenster, das Zielorte-Fenster und das Verlauf-Fenster

Voreinstellungen	Zielorte	Verlauf

Vorschau   **Informationen**

▸ **Verbundene Fenster**: Diese spezielle Fensterart verändert ihren Inhalt abhängig von anderen ausgewählten Fenstern oder Elementen innerhalb dieser Fenster. Stapel, Voreinstellungen und Zielorte sind die Fenster, die ihren Inhalt in den zwei verbundenen Fenstern, dem Vorschau-Fenster und dem Informationen-Fenster, darstellen können.

Diese Beziehung benötigt eine besondere Aufmerksamkeit:

- Wenn ein verbundenes Fenster nicht aktiv ist:
  In diesem Fall ändern die Vorschau und das Informationen-Fenster die angezeigten Daten, abhängig davon, welches Stapelfenster, Einstellungen oder Zielorte darin ausgewählt sind. Es entspricht einer reinen Anzeige-Situation.

- Wenn ein verbundenes Fenster aktiv ist:
  In diesem Fall ist die Vorschau oder das Informationen-Fenster ausgewählt. Es stellt sich jedoch die Frage, welche Daten angezeigt werden. Sind es die Daten aus dem Fenster, das ausgewählt war, bevor die Vorschau oder das Informationen-Fenster aktiviert wurde? Das ist der Teil, wo Sie besonders aufpassen müssen, da die Daten in der Vorschau und im Informationen-Fenster nicht nur gezeigt werden, sondern auch bearbeitet werden können. Wenn Sie sich nicht sicher sind, worauf sie sich beziehen, könnten Sie eventuell die falschen Einstellungen vornehmen.

Dieses Diagramm zeigt, welche Hauptfenster Daten an die verbundene Vorschau und das Informationen-Fenster weitergeben können.

Vorschau:
Die Vorschau ist nur mit den ausgewählten Elementen in einem Stapelfenster verbunden.

Informationen:
In diesem Fall können drei Fenster (Stapelfenster, Einstellungen und Zielorte) ihren Inhalt an das verbundene Informationen-Fenster weitergeben, damit er betrachtet und bearbeitet werden kann.

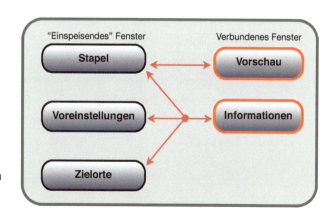

Grundlegender Arbeitsablauf

Jetzt, wo wir mit den Fachausdrücken und Kenntnissen über die Programmoberfläche ausgestattet sind, schauen wir uns die eigentliche Funktionsweise von Compressor an und wie wir sie nutzen können.

Hier sind die grundlegenden Schritte eines Kodierungsprozesse in Compressor. Wie Sie sehen, enthält jeder Schritt einen Fachausdruck, den wir schon vorher im „Terminologie"-Kapitel behandelt haben. Jede Konfiguration für den Kodierungsprozess in Compressor folgt diesen Schritten. Seien Sie sich bewusst darüber, dass manche Schritte von Compressor automatisch durchgeführt werden. In diesem Fall können Sie gleich zum nächsten Schritt übergehen.

1. Erstellen Sie einen neuen **Stapel**
2. Erstellen Sie einen neuen **Auftrag** (ein leerer Auftrag ist automatisch vorhanden)
3. Wählen Sie eine **Quell-Mediendatei** für den Auftrag aus
4. Erstellen Sie ein neues **Ziel** für diesen Auftrag
5. Weisen Sie diesem Ziel eine **Voreinstellung** zu
6. Legen Sie einen **Zielort** für dieses Ziel fest
7. Überprüfen oder ändern Sie den **Name** für die Ausgabe-Mediendatei in diesem Ziel
8. Klicken Sie auf **Senden**, um die Kodierung zu starten
9. (Wählen Sie gegebenenfalls Cluster-Einstellungen)
10. Beobachten Sie den Vorgang (optional)

Schauen wir uns jeden Schritt etwas genauer an.

Stapel

Es gibt drei unterschiedliche Optionen für Schritt Eins:

▶ **Compressor starten**

Wenn Sie das Programm starten, wird eine neue Stapelliste mit einem Tab angezeigt. Das ist anders als bei sonstigen dokumentbasierenden Programmen, wo Sie das reine Programm ohne ein leeres Standarddokument öffnen.

▶ **Erstellen eines neuen Stapels**

Wenn das Programm läuft, können Sie die Stapelliste, die beim Starten erstellt worden ist, nutzen und Einstellungen vornehmen, oder Sie erstellen weitere Stapellisten mit folgenden Befehlen

- *Datei > Neuer Stapel* oder Shortcut cmd+N erstellt einen neuen Stapel.
- *Datei > Neuer Stapel aus Vorlage ...* oder Shortcut sh+cmd+N erstellt einen neuen Stapel mit der Option, eine Einstellung aus dem Vorlagen-Fenster auszuwählen (wird auf der nächsten Seite erklärt).

▶ **Öffnen eines vorhandenen Stapels**

Die dritte Möglichkeit ist, einen vorhandenen Stapel, der vorher als Stapeldatei gesichert wurde, zu laden.

Dafür haben Sie zwei Standardbefehle.

- *Datei > Öffnen ...* oder Shortcut cmd+O, um das Dateiauswahl-Fenster zu öffnen und zur Stapeldatei zu navigieren.
- *Datei > Benutze Objekte >*, um aus der Liste der zuletzt geöffneten Stapeldateien auszuwählen.

Vorlagen-Auswahl

Dies ist ein zusätzliches Fenster, das sich beim Starten von Compressor oder beim Erstellen eines neuen Stapels öffnet.

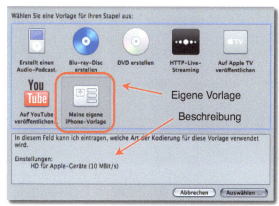

Wenn Compressor einen neuen Stapel erstellt, kreiert es einen leeren Auftrag ohne Ziel. Eine Auswahl aus den vorgegebenen Vorlagen erstellt ein Ziel für den neuen Auftrag mit den Einstellungen, die durch die Vorlage definiert sind. Eigentlich sind Vorlagen „definierte Ziele".

Der obere Bereich des Fensters zeigt die verfügbaren Vorlagen. Wenn Sie eine davon auswählen, werden deren Beschreibung und Einstellungen im unteren Teil des Fensters angezeigt.

Das Fenster hat sechs Standard-Vorlage. Sie können aber auch eigene Vorlagen abspeichern, indem Sie die gewünschte Voreinstellung auswählen und sie mit *Datei > Als Vorlage sichern ...* oder dem Shortcut **alt+cmd+S** abspeichern. Sie können einen Namen und eine Beschreibung eingeben und die Vorlage wird ab sofort in der Vorlagen-Auswahl erscheinen.

Das Einstellungenfenster von Compressor hat drei Einstellungen, die damit zusammenhängen, wie eine neue Stapelliste erstellt wird.

▸ **Für neue Stapel:** Die zwei Knöpfe ❶ legen fest, ob die Vorlagen-Auswahl gezeigt wird oder nicht.

▸ **Standardeinstellung**: Wenn Sie auswählen, dass die Vorlagen-Auswahl nicht gezeigt wird oder auf „Abbrechen" klicken, wenn sie herausfährt, dann hat der neue Stapel einen leeren Auftrag ohne Ziel (wenn hier „Ohne" ❷ ausgewählt ist) oder es erstellt ein Ziel mit den Einstellungen, die Sie aus dem Popupmenü auswählen ❸.

▸ **Standardziel**: Wenn der neue Stapel ein Ziel erhält, dann ist die Auswahl aus diesem Popupmenü ❹ der Zielort für dieses Ziel.

Hier ist eine Illustration, die zeigt, welche Elemente in welche Aktionen involviert sind und wie sie sich auf den neu erstellten Stapel auswirken.

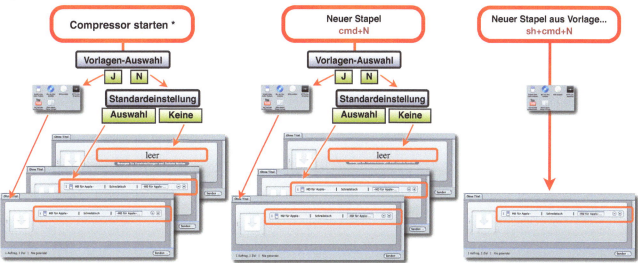

* Dieser Vorgang für das Starten von Compressor ist das Verhalten unter OS X 10.6 (Snow Leopard). Bei OS X 10.7 (Lion) gibt es eine zusätzliche Option

> Wenn Sie Compressor beenden, während ein Stapel ausgewählt ist, wird beim nächsten Mal, wenn Sie Compressor starten, dieser Stapel geöffnet (es wird kein neuer Stapel erstellt oder das Vorlagen-Fenster geöffnet). Wenn mehrere Stapel beim Schließen von Compressor geöffnet waren, wird nur der dabei aktivierte Stapel beim nächsten Starten angezeigt.

Auftrag

Der nächst Schritt nach dem Stapel ist der Auftrag. Erinnern Sie sich, dass der Stapel einen oder mehrere Aufträge enthalten kann. Ein neu erstellter Stapel erstellt automatisch einen leeren Auftrag.

Nur für Demonstrationszwecke habe ich den vorhandenen Auftrag entfernt. Nun habe ich einen leeren Stapel und beginne auf der untersten Ebene, "Erstelle einen Auftrag".

Ein leerer Stapel ohne Aufträge   Ein Stapel mit einem leeren Auftrag

Hier sehen Sie die Befehle, die sich auf Aufträge beziehen:

- Erstellen Sie einen neuen Auftrag mit einem der folgenden Befehle:

  - Wählen Sie einen Stapel, für den Sie einen neuen Auftrag erstellen wollen und nehmen Sie einen der fünf Menü-Befehle im Auftrag-Menü oder nutzen Sie die entsprechenden Shortcuts.

  - **Rechtsklick** auf das Stapelfenster und Auswahl aus dem Kontext-Menü

  - **Ziehen** einer Quell-Mediendatei auf das Stapelfenster

- Entfernen eines Auftrags: Wählen Sie ihn aus und drücken Sie die **Entfernen**-Taste.

- Kopieren eines Auftrags: Nutzen Sie die Standard Copy-und-Paste-Befehle oder ziehen Sie den Job aus einem Stapelfenster in ein anderes Stapelfenster. Sie sehen dabei eine „Geister"-Aufgabe, während Sie die Aufgabe verschieben.

Stapelfenster: Kontextmenü

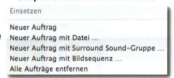

Quell-Mediendatei

Wie wir jetzt wissen, ist ein Auftrag durch eine Quell-Mediendatei und ein oder mehrere Ziele definiert. Nun ist es an der Zeit, herauszufinden, welche Qualifikationen die Quell-Mediendatei erfüllen muss, oder in anderen Worten, welche Art von Dateien von Compressor kodiert werden kann.

Es gibt vier Arten von Quell-Mediendateien:

▸ Jede Mediendatei, also eine Video-, Audio- oder Bilddatei.

▸ Eine Surround Sound-Audiodatei.

▸ Eine Bildsequenz. Dies ist ein Ordner, der eine Gruppe von nummerierten Bilddateien enthält, die eine Sequenz bilden.

▸ Zielausgabe. Hier definieren Sie die Ausgabe eines Ziels als Quelle für andere Aufträge, um mehrere Aufträge hintereinander kodieren zu können.

Es gibt viele Wege, eine Quell-Mediendatei für einen Auftrag auszuwählen. Sie können entweder einen neuen Auftrag mit der Quell-Auswahl erstellen oder eine Quelle für einen vorhandenen Auftrag festlegen.

- Erstellen eines neuen Auftrags mit einer Quellen-Auswahl:

Quelle: Kontextmenü

  - **Ziehen** einer Mediendatei irgendwo in das Stapelfenster.

  - Wählen Sie einen der fünf Befehle im Auftrag-Menü oder nutzen Sie Shortcuts.

  - **Rechtsklick** auf das Stapelfenster und Auswahl aus dem Kontextmenü treffen.

- Auswahl einer Quelle für einen vorhandenen Auftrag (neue Auswahl oder überschreiben der vorhandenen Auswahl).

  - **Ziehen** einer Mediendatei auf den Quellen-Bereich des Auftrags.

  - Treffen Sie eine Auswahl aus dem Hauptmenü *Auftrag > Quelle >* oder nutzen Sie Shortcuts.

  - **Rechtsklick** auf den Quellen-Bereich und Auswahl aus dem Kontextmenü treffen.

  - Die Befehle "*Datei hinzufügen*", "*Surround Sound hinzufügen*", "*Bildsequenz hinzufügen*" der Symbolleiste nutzen.

Surround Sound-Gruppe

Das ist eine spezielle Mediendatei-Art für Surround Sound-Dateien, die dem Surround Sound-Format (z.B. AC3) zugedacht sind.

Eine Stereo Sound-Datei hat zwei Kanäle, wird aber in eine einzelne Audiodatei gepackt, die Sie als Quelle für einen Kodierungsauftrag verwenden können. Im Gegensatz dazu werden Surround Sound-Abmischungen in separate Kanäle gespeichert. Das bedeutet, dass eine 5.1 Surround-Abmischung am Ende sechs einzelne Audiodateien hat. Sie können einem Auftrag normalerweise jedoch nur eine Quell-Mediendatei zuweisen. Hierfür ist die *Surround-Sound-Gruppe* gedacht.

Sie können zwei Methoden benutzen, um eine Surround Sound-Gruppe zu erstellen:

▶ **Automatische Zuweisung**

Wenn die separaten Audiodateien einer Surround-Abmischung die korrekten Endungen haben (-L, -R, -C, -Ls, -Rs, -S, -LFE), dann können Sie alle Dateien gemeinsam im Finder auswählen und auf den Quellen-Bereich eines Auftrags ziehen. Compressor erkennt die Dateien und weist sie den richtigen Kanälen zu.

▶ **Manuelle Zuweisung**

Wenn Sie diese Methode benutzen, können Sie jede Audiodatei manuell einem Kanal zuweisen. Wählen Sie Surround Sound-Gruppe als Quelle für den Auftrag aus. Ein zusätzliches Fenster schiebt sich aus dem Stapelfenster heraus. Hier können Sie die Zuweisungen vornehmen.

Zusätzliche Informationen:

- Sie müssen nicht alle Kanäle belegen
- Sie können der Gruppe eine Videodatei hinzufügen.
- Die Gesamtlänge der Datei wird unten im Fenster angezeigt.
- Klicken Sie „Alle löschen", um die Zuweisungen zurückzusetzen.

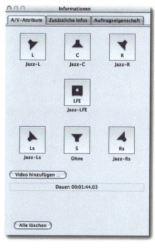

Informationen für die Surround-Quelle

Bearbeiten von Surround Sound-Gruppen:

Wenn Sie in diesem Fenster auf OK geklickt haben, gibt es kein Zurück. Wenn Sie die Surround Sound-Gruppe nochmals als Quelle auswählen, wird das Fenster ohne Zuweisungen geöffnet. Es ist also besser, „Abbrechen" zu drücken als „OK", andererseits löschen Sie die aktuelle Surround Sound-Gruppe.

Sie können jedoch die Gruppe durch Auswählen der Quelle und Öffnen im Informationen-Fenster bearbeiten. In den „A/V-Attributen" wird das gleiche Fenster mit Kanalzuweisungen angezeigt und Sie können es hier bearbeiten.

Bildsequenzen

Vergleichbar mit den Surround Sound-Gruppen, bei denen Sie eine Gruppe von Audiodateien als Auftragsquelle auswählen, können Sie auch eine Gruppe von Bilddateien als Auftragsquelle festlegen.

- Wenn Sie „Bildsequenz" als Quelle auswählen, öffnet sich ein Dateiauswahl-Dialog. Navigieren Sie zu dem Ordner (nicht zu den einzelnen Dateien), der die Bilder enthält und wählen ihn aus.

Bearbeiten von Bildsequenzen:

Das Bearbeiten und die letztendlichen Einstellungen für die Bildsequenz werden auch hier im Informationen-Fenster unter dem *A/V-Attribute*-Tab vorgenommen:

- Die "i"-Taste öffnet ein Fenster, welches alle Bilddateien in dieser Sequenz anzeigt. Sie können diesem Fenster keine Dateien hinzufügen.

- Die native Halbbilddominanz lässt Sie im Popupmenü zwischen „Progressiv", „Oben (ungerade)" und „Unten (gerade)" wählen.

- Das Bildraten-Popupmenü unterstützt eine Liste gängiger Bildraten.

- Sie können der Bildsequenz sogar eine Audiodatei hinzufügen.

- Der Rest des Informationen-Fenster zeigt verschiedene Attribute.

Informationen für Bildsequenzen

Zielausgabe

Mit dieser Auswahl wählen Sie eine Quell-Mediendatei, die noch nicht existiert. Die Quelle wird eine Ausgabe-Datei eines Ziels von einem anderen Auftrag sein, also entsteht eine Kodierungs-Kette. "Nimm Datei **A** und kodiere sie mit den Einstellungen **x** und dann nimm die kodierte Datei **Ax** und nutze sie, um die Kodierung **y** darauf anzuwenden, um dann die finale Ausgabedatei "**Axy**" zu erstellen.

Hier der Vorgang:

- Erstellen Sie einen Auftrag, nehmen Sie die üblichen Einstellungen vor und wählen Sie das Ziel (oder mehrere Ziele).

- Wählen Sie aus dem Hauptmenü den Befehl *Auftrag > Neuer Job mit Zielausgabe* oder aus dem Ziel-Kontextmenü das Entsprechende.

- Ein neuer verknüpfter Auftrag mit einem Ketten-Symbol entsteht. Der Quellen-Name ist der gleiche wie der der Ausgabedatei des Quell-Auftrags.

- Wählen Sie ein neues Ziel für diesen verknüpften Auftrag und fahren Sie mit den Kodierungseinstellungen fort.

- (Optional) Sie können sogar weitere Aufträge verknüpfen.

- Wenn Sie den Stapel senden, wird jeder Auftrag kodiert und dann an den nächsten Auftrag für die nächste Kodierung übergeben. Jede Ausgabe-Mediendatei aus jedem Schritt ist am Ende des Kodierungsprozesses verfügbar.

➡ Weitere Informationen zu Quell-Mediendateien

- In der Quellen-Vorschau finden Sie einen Schieber ❶, mit dem Sie über das Video fahren können, wenn Video oder Bilder vorhanden sind.

- Sie finden zwei weitere Kontextmenüs, die die Quellen-Befehle und den „Quelle löschen"-Befehl tragen mit **Rechtsklick** auf den Quellen-Bereich ❷ oder **Rechtsklick** auf den Ziel-Bereich ❸.

- Sie können die Quellen-Vorschau zwischen Aufträgen verschieben oder die Kopieren-Einsetzen-Befehle aus den Kontextmenüs verwenden.

Quelle - Kontextmenü

Auftrag - Kontextmenü

Ziel

Wenn Sie einen Auftrag erstellt und die Quelle dafür ausgewählt haben, machen Sie den nächsten Schritt und erstellen das Ziel für diesen Auftrag.

Dafür sind zwei Befehle im Hauptmenü und auch im Kontextmenü des Auftrags verfügbar:

▸ *Ziel > Neues Ziel*: Hiermit wird ein leeres Ziel erstellt.

▸ *Ziel > Neues Ziel mit Voreinstellung...*: Hiermit wird ein Ziel mit bestimmten Voreinstellungen erstellt. Wenn dieser Punkt ausgewählt ist, schiebt sich aus dem Stapelfenster ein zusätzliches Fenster heraus, in dem Sie die Voreinstellung auswählen können. Es zeigt den gleichen Inhalt wie auch das Einstellungen-Fenster. Das Kontextmenü hat ein Untermenü, in dem Sie zu einer bestimmten Voreinstellung (Ziel) navigieren können.

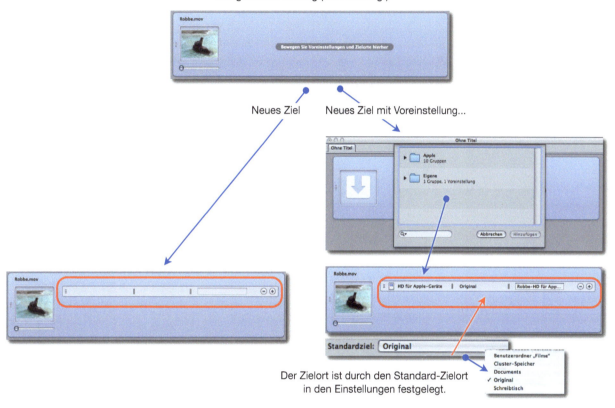

Ausgewählter Auftrag (blau unterlegt)

Neues Ziel   Neues Ziel mit Voreinstellung...

Der Zielort ist durch den Standard-Zielort in den Einstellungen festgelegt.

▸ Es gibt noch einen weiteren Befehl, um ein Ziel oder einen Auftrag hinzuzufügen. Wenn dem Auftrag mindestens ein Ziel zugewiesen ist, können Sie die „Plus"-Taste nutzen, um weitere Aufträge und Ziele hinzuzufügen.

Ziel hinzufügen
Ziel entfernen

▸ Ebenso können Sie auch Einstellungen aus dem Einstellungen-Fenster oder Zielorte aus dem Zielorte-Fenster auf einen Auftrag oder das Stapelfenster ziehen, um ein neues Ziel mit nur dieser Einstellung oder nur diesem Zielort zu erstellen.

➡ Ziele verwalten

• Ziele entfernen:

  • Wählen Sie ein oder mehrere Ziel(e) aus und drücken Sie die **Entfernen**-Taste oder **cmd+X**.

  • Klicken Sie die Minus-Taste auf der rechten Seite des Ziels.

• Ziele zwischen Aufträgen verschieben: **Ziehen** Sie das Ziel auf den neuen Auftrag oder sogar auf ein anderes Stapelfenster.

• Kopieren Sie Ziele aus einem neuen oder dem gleichen Auftrag mit **cmd+C**, wählen Sie den gewünschten Auftrag aus und drücken **cmd+V** oder nutzen Sie die Kopieren-Einsetzen-Befehle aus dem Kontextmenü des Ziels.

Voreinstellungen

Der nächste Schritt sind die Voreinstellungen. Dies sind die Anweisungen für den Kodierungsprozess, die einem Ziel auf unterschiedliche Weisen zugewiesen werden können.

▸ Wählen Sie ein Ziel und nutzen Sie den Befehl "*Voreinstellungen ändern...*", verfügbar unter:

- Hauptmenü *Ziel > Voreinstellung ändern...*
- **Rechtsklick** auf das Ziel, um im Kontextmenü den Befehl auszuwählen.

Beide Befehle öffnen das gleiche Voreinstellungen-Fenster, das aus dem Stapelfenster herausgleitet, damit Sie hier die Einstellungen vornehmen können. Der Inhalt ist identisch mit dem des Voreinstellungen-Fensters (weitere Details dazu später).

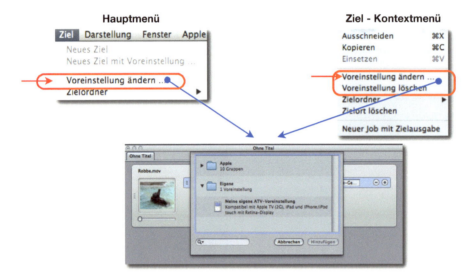

▸ Sie können eine Einstellung auch direkt aus dem Voreinstellungen-Fenster auf das Ziel ziehen.

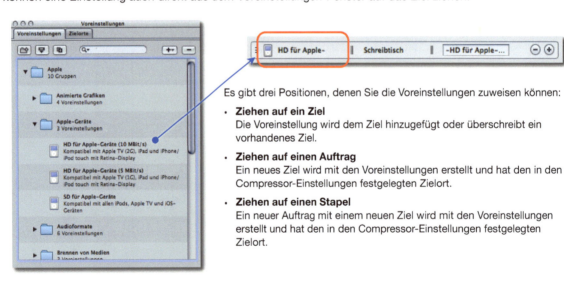

Es gibt drei Positionen, denen Sie die Voreinstellungen zuweisen können:

- **Ziehen auf ein Ziel**
  Die Voreinstellung wird dem Ziel hinzugefügt oder überschreibt ein vorhandenes Ziel.

- **Ziehen auf einen Auftrag**
  Ein neues Ziel wird mit den Voreinstellungen erstellt und hat den in den Compressor-Einstellungen festgelegten Zielort.

- **Ziehen auf einen Stapel**
  Ein neuer Auftrag mit einem neuen Ziel wird mit den Voreinstellungen erstellt und hat den in den Compressor-Einstellungen festgelegten Zielort.

➡ Voreinstellungen verwalten:

- Voreinstellungen löschen: Wählen Sie „Voreinstellung löschen" aus dem Kontextmenü.
- Voreinstellungen kopieren: Ziehen eines Ziels auf ein vorhandenes Ziel kopiert nur die Einstellungen, überschreibt also die vorhandene Voreinstellung. Der Zielort wird nicht überschrieben. Der Name wird überschrieben, egal, ob vorher ein benutzerdefinierter Name eingegeben wurde.

Zielort

Der Zielort, also der Ort, wo die Ausgabe-Mediendatei gespeichert wird, kann einem Ziel auf unterschiedliche Weise zugewiesen werden.

▸ Wählen Sie das Ziel aus und nutzen Sie den Befehl "Zielordner...", verfügbar unter:

- Hauptmenü *Ziel > Zielordner >*
- **Rechtsklick** auf das Ziel, um im Kontextmenü den Befehl auszuwählen.

Der Befehl öffnet ein Untermenü, das alle Zielorte, die im Zielorte-Fenster aufgeführt sind, auflistet (weitere Details dazu später).

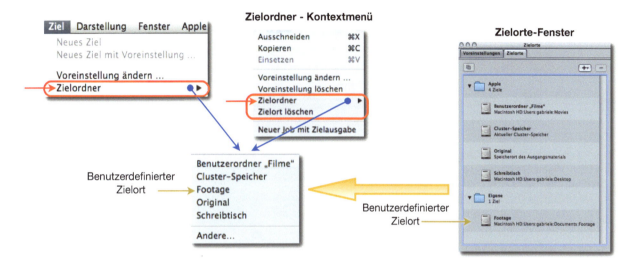

▸ Sie können den Zielort auch direkt aus dem Zielorte-Fenster auf das Ziel ziehen.

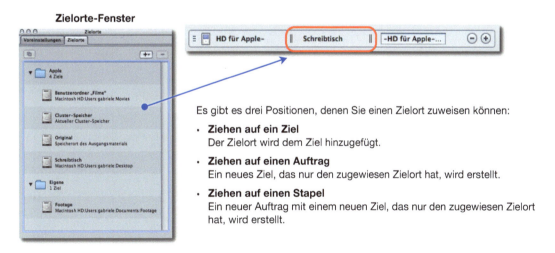

Es gibt es drei Positionen, denen Sie einen Zielort zuweisen können:

- **Ziehen auf ein Ziel**
  Der Zielort wird dem Ziel hinzugefügt.
- **Ziehen auf einen Auftrag**
  Ein neues Ziel, das nur den zugewiesen Zielort hat, wird erstellt.
- **Ziehen auf einen Stapel**
  Ein neuer Auftrag mit einem neuen Ziel, das nur den zugewiesen Zielort hat, wird erstellt.

- **Cluster-Speicher**: Lesen Sie im Kapitel „Rendering" nach.
- **Andere...** : Öffnet ein Datei-Auswahl-Fenster, in dem Sie jeden Ort auf der Festplatte festlegen können.

➡ Zielorte verwalten:

- Zielort löschen: Wählen Sie „Zielort löschen" aus dem Kontextmenü.
- Sie können Zielorte nicht zwischen Zielen und Aufträgen verschieben oder kopieren.
- Sie können einen Standard-Zielort in den Einstellungen für Compressor festlegen. Dieser Zielort wird verwendet, wenn ein neues Ziel erstellt wird.

Name

Der dritte Bereich eines Ziels ist der Dateiname, den die Ausgabe-Mediendatei enthält, nachdem sie kodiert wurde.

▶ Automatische Dateibenennung:

Als Vorgabe wird der Name automatisch aus der „Ausgabe-Dateiname-Vorlage" erstellt, die mit jedem Ziel abgespeichert ist. Vorlagen sind Anweisungen, auf welche Art der Dateiname erstellt wird. Auf der rechten Seite sehen Sie ein Beispiel für eine Vorlage (weitere Einzelheiten im nächsten Kapitel).

Der Name wird automatisch angepasst, wenn sich die Quelldatei, die Voreinstellung oder der Zielort geändert werden.

Beispiel: Quell-Dateiname "**Robbe**", Voreinstellung-Name "**HD für Apple**" Ausgabe-Mediendateiname:

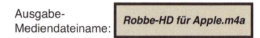

▶ Manuelle Dateibenennung:

Sie können den automatischen Dateinamen jederzeit überschreiben. Wenn Sie ihn einmal manuell verändert haben, wird er nicht mehr automatisch angepasst, wenn Sie die Quelldatei oder die Voreinstellungen verändern.

Wenn die Schriftfarbe des Dateinamens rot angezeigt wird und ein gelbes Warndreieck daneben liegt, dann bedeutet das, dass der Name an diesem Speicherort schon existiert (meistens nach einer erfolgreichen Kodierung).

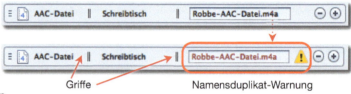

Bitte beachten Sie: Sie können die Breite für die drei Zielbereiche mit den vertikalen Griffen verändern.

Senden

Stapel-Status

Jedes Stapelfenster zeigt den Stapel-Status am unteren Rand des Fensters an, wo Sie sehen können, wie viele Aufträge und Ziele in diesem Stapel enthalten sind. Es listet auch auf, ob und wann der Stapel gesendet wurde.

Stapel senden-Taste

Die Senden-Taste lässt ein Fenster herausgleiten, in dem Sie den Stapel-Prozess einstellen können.

- Name: Gibt dem Stapel einen Namen, um ihn später besser beobachten zu können, wenn mehrere Stapel-Prozesse abgearbeitet werden.

- Cluster: Hier wird festgelegt, wer den Prozess ausführt. Lassen Sie ihn auf der Einstellung „Dieser Computer". (Einzelheiten über Cluster finden Sie im Kapitel über „Rendering".)

- Priorität: Sie können unterschiedliche Prioritäten festlegen, wenn mehrere Stapel abgearbeitet werden.

Das Klicken der Senden-Taste startet den Vorgang. Beachten Sie, dass der Prozess an eine andere Applikation im Hintergrund übergeben wird und nicht vom Compressor erledigt wird. Das Schließen von Compressor hat keine Auswirkung auf den gerade geschehenden Kodierungsprozess.

Überprüfen

Dieses Thema behandele ich später in einem eigenen Kapitel.

Vorschau

Nun, wo wir die grundlegenden Vorgänge in Compressor verstehen, machen wir mit dem Vorschau-Fenster weiter. Es sieht nicht so kompliziert aus, eigentlich ähnelt es dem Viewer in FCPx. Jedoch haben die paar Veränderungen, die Sie in diesem Fenster vornehmen können, Auswirkungen, die Sie kennen müssen, um sie richtig anwenden zu können. Außerdem ist es ein verknüpftes Fenster. Das bedeutet, dass es wichtig ist, zu wissen, welcher Inhalt des Stapelfensters im Vorschaufenster zu sehen ist. Anstatt also die einzelnen Fensterelemente zu erklären, gehe ich ein paar Schritte zurück.

Als erstes eine schnelle Wiederholung. Das Basis-Diagramm, das zeigte, was Compressor macht, hat drei Elemente. Sie geben Compressor eine Quell-Mediendatei und sagen ihm, dass er sie, basierend auf den von Ihnen vorgegebenen Voreinstellungen, in eine Ausgabe-Mediendatei umwandeln soll.

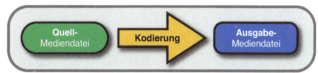

Nun ist die wichtigste Frage, wie die Ausgabe-Mediendatei nach der Kodierung aussieht. Sie können die Quell-Mediendatei in ihrem ursprünglichen Zustand abspielen, aber um die korrekten Einstellungen für die Kodierung herauszufinden, muss sie erst in Compressor bearbeitet werden. Anschließend können Sie die Ausgabe-Mediendatei abspielen und sehen, ob sie so erstellt worden ist, wie Sie sich das vorgestellt haben. Das ist jedoch nicht sehr praktisch, da der Kodierungsvorgang ein paar Minuten bis zu einigen Stunden dauern kann, was abhängig von der Länge der Quelldatei und der Komplexität des Kodierens (neben der Prozessor-Leistung) ist.

Hier kommt das Vorschau-Fenster ins Spiel. Compressor bietet die Möglichkeit, den Kodierungsprozess in Echtzeit zu simulieren. Somit bekommen Sie eine Vorschau, bevor Sie sich auf Kodierungsvoreinstellungen festlegen. Hier wird die Ausgabe-Mediendatei simuliert ❸.

Das Vorschau-Fenster kann zwei Signale anzeigen: Die Eingabe in das Kodierungsmodul ❶, welches identisch mit der Quell-Mediendatei ist, und die Ausgabe des Kodierungsmoduls ❷, welches der Ausgabe der Voreinstellungen entspricht.

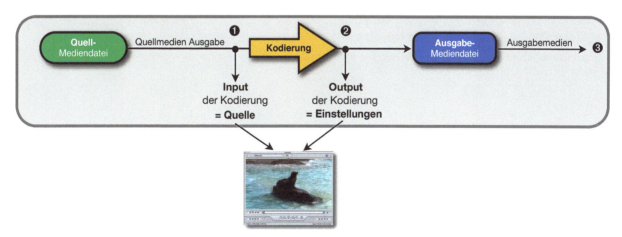

Wie Sie sehen, können verschiedene Fachausdrücke das Gleiche bedeuten. Compressor ist nicht konsequent beim Nutzen der Terminologie, also müssen Sie flexibel sein und die identischen Fachausdrücke kennen, wenn Sie das Vorschaufenster betrachten.

Stapelelement

Wo sind also die Steuerelemente im Vorschau-Fenster, mit denen wir wählen können, was auf dem Bildschirm angezeigt wird?

Hier kommt zum ersten Mal unser vorab gelerntes Verständnis von verknüpften Fenster ins Spiel. Erinnern Sie sich, die Vorschau ist ein verbundenes Fenster. Es zeigt den Inhalt abhängig von der Auswahl in einem anderen Fenster, dem Stapelfenster. Beachten Sie, dass es nicht nur darauf ankommt, welches Stapelfenster ausgewählt ist, sondern welches bestimmte Element in diesem Stapelfenster aktiviert ist. Diese Auswahl wird **Stapelelement** genannt

> Ein **Stapelelement** kann entweder ein **Auftrag** oder ein **Ziel** sein

Hier noch einmal die verschiedenen Fachbegriffe für die gleiche Sache.

Ein Stapelfenster kann, abhängig vom ausgewählten Stapelelement, drei Zustände darstellen.

▸ **Nichts** ist ausgewählt. Im Stapelfenster ist nichts aktiviert.

▸ Ein **Auftrag** ist ausgewählt. Das entspricht:

- Eine **Quelle** ist ausgewählt. Jeder Auftrag kann nur eine Quell-Mediendatei zugewiesen haben.
- Der **Input** ist ausgewählt: Die Quell-Mediendatei ist der Input des Ziels.

▸ Ein **Ziel** ist ausgewählt. Das entspricht:

- Eine **Voreinstellung** ist ausgewählt. Jedes Ziel hat eine Kodierungs-Voreinstellung.
- Ein **Output** ist ausgewählt: Das bezieht sich auf den Output des Voreinstellungen-Moduls oder der „simulierten Ausgabe" als Simulation der finalen Ausgabe-Mediendatei.

(Im Zusammenhang mit der Vorschau ignorieren wir momentan den Fakt, dass Sie mehrere Jobs und mehrere Ziele auswählen können.)

Stapelfenster: Ein Auftrag ist ausgewählt

Der Auftrag ist blau unterlegt, das Ziel nicht.

Stapelfenster: Ein Ziel ist ausgewählt

Das Ziel ist blau unterlegt

> Die ersten beiden Fragen, die Sie sich stellen sollten, wenn Sie auf die Vorschau sehen, sind folgende:
>
> ▸ Welches Stapelelement ist ausgewählt?
>
> ▸ Ist es eine **Quelle** (Auftrag ist ausgewählt) oder eine **Einstellung** (Ziel ist ausgewählt)?

❶ Das **Stapelelement-Popupmenü** zeigt alle Aufträge (Quellen) und deren Ziele (Einstellungen) des aktuell ausgewählten Stapelfensters. Sie können eine andere Auswahl im Stapelfenster treffen und im Popupmenü ändert sich die Auswahl dementsprechend. Die Verknüpfung funktioniert auch in die andere Richtung. Wenn Sie ein anderes Element aus dem Popupmenü der Vorschau auswählen, aktiviert es diese Auswahl auch im verknüpften Stapelfenster.

❷ Mit den **Stapelelement-Auswahltasten** können Sie schrittweise durch das Popupmenü gehen, um das vorherige oder nachfolgende Element auszuwählen.

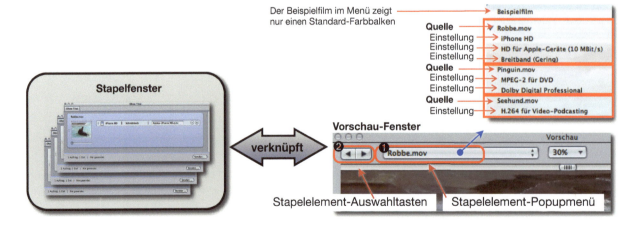

Also kann das ausgewählte Stapelelement entweder eine Quelle oder eine Einstellung sein. Nun ist die Frage, was in der Vorschau angezeigt wird:

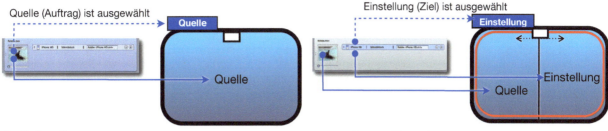

Quelle (Input)
Wenn ein ausgewähltes Stapelelement eine Quelle (Auftrag) ist, dann zeigt die Vorschau den Inhalt der Quell-Mediendatei (Input).

Einstellungen (Output)
Wenn ein ausgewähltes Stapelelement eine Einstellung (Ziel) ist, dann funktioniert die Vorschau wie ein vertikal geteilter Bildschirm. Die linke Seite zeigt den Teil der Quell-Mediendatei (Input) und die rechte Seite zeigt die Ausgabe des Voreinstellungen-Moduls (Output). Zusätzlich können Sie noch den roten Beschneidungs-rahmen sehen (darauf gehe ich später ein).

Worauf schaue ich?

Mit dem Schieber für den geteilten Bildschirm an der oberen Kante des Vorschaufensters können Sie die vertikale Trennlinie nach links oder rechts verschieben. Sie schauen immer auf einen Frame, und durch das Verschieben der Linie entscheiden Sie, welchen Bildanteil Sie von der Eingabe (Quelle) und von der Ausgabe (Einstellung) sehen wollen. Wenn Sie den Schieber ganz nach rechts schieben, sehen Sie nur das Quell-Signal, und wenn Sie ihn ganz nach links verschieben, nur das Einstellungen-Signal. Sie können den Schieber sogar während des Abspielens verschieben.

Wenn Sie auf das Vorschaufenster sehen, gibt es drei Stellen, an denen Sie erkennen können, welches Video Sie sich gerade anschauen:

> ▸ Ausgewähltes Stapelelement: Name einer Quelldatei oder Name einer Voreinstellung.
> ▸ Schieber für geteilte Darstellung: Mit oder ohne weiße Trennlinie
> ▸ Roter Beschneidungsrahmen: Sichtbar oder unsichtbar.

Wenn Sie Einstellungen vorgenommen haben (wie z.B. Farbanpassungen, Textüberlagerung etc.) ist es einfacher, den „links/rechts" oder „vorher/nachher"-Effekt zu sehen und zu wissen, dass eine Einstellung vorgenommen wurde.

Hilfsetiketten:

Die gelben Hilfsetiketten (Tool Tips) sind eine Standardfunktion der Benutzeroberfläche, die in nahezu allen Programmen benutzt wird. Wenn Sie die Maus über ein Objekt (Menü, Regler etc.) bewegen, erscheint für ein paar Sekunden ein kleines gelbes Etikett mit einer kurzen Beschreibung des Objektes. Die Beschreibung der Objekte, die wir gerade besprechen, ist ein weiterer Hinweis, dass Compressor ein wenig „unorganisiert" ist, da es andere Fachbegriffe in den Hilfsetiketten als in der Anleitung zeigt.

Stapelelement-Auswahl: **Eingabe/Ausgabe für Darstellung auswählen** Trennlinien-Schieber: **Trennlinie zwischen Original und Ausgabe verschieben**

Framegröße

Bevor ich auf das nächste Element des Vorschaufensters eingehe, möchte ich einen kleinen Umweg machen und ein paar Fachbegriffe aus dem Videobereich erklären.

In der Vergangenheit war die technische Seite des Umgangs mit Video (Editing) und mit Musik (Recording, Mixing) hochqualifiziertem Fachpersonal vorenthalten. Umgang mit Film, Verstehen von Videotechnik, Mikrofontechnik und Mischen, alles hatte seine Grundlagen in Elektronik, Optik und Akustik. Es waren keine einfachen Jobs. Aber die Dinge haben sich geändert. Technologien werden einfacher, Equipment wird bezahlbarer und heutzutage kann jeder einen Film oder einen Song mit einfach zu bedienenden Werkzeugen erstellen. Es gibt jedoch in manchen Bereichen ein paar Überbleibsel aus den alten Tagen. Es haben Fachbegriffe haben überlebt, die im digitalen Zeitalter nicht mehr viel Sinn machen und in manchen Fällen zu Verwirrung führen, wenn das notwendige Hintergrundwissen fehlt.

Im Fall der Videotechnik gibt es viele schwierige Bereiche, die durch den historischen Übergang zwischen Schwarz-Weiß- und Farbfernsehen entstanden sind, regionale Unterschiede mit verschiedenen Standards und schlussendlich der Übergang von analog zu digital. Ich möchte kurz auf die folgenden Begriffe eingehen:

> **Seitenverhältnis - Auflösung - Framegröße - Videoformat - Abmessungen**

Kurz erklärt bezeichnen sie im Grund genommen alle das Gleiche, sie beschreiben einen Videoframe. Ein Video ist natürlich eine Serie von Einzelbildern, wobei deren Abspielgeschwindigkeit festlegt, wie schnell die einzelnen Bilder durchlaufen (Framerate). Aber für den Moment picke ich einen einzelnen Frame (ein Bild) heraus und bin interessiert daran, mit welchen Parametern er beschrieben wird. Ich meine nicht den Inhalt, sondern nur die Abmessungen. Und das ist es, was die Begriffe oben gemeinsam haben. Sie beschreiben die Abmessungen eines Videoframes, der ein zweidimensionales Bild ist, wenn Sie nur einen einzelnen Frame betrachten.

Framegröße:

Das ist der einfachste Begriff. Sie können die Größe eines Frames mit dessen Breite und Höhe beschreiben. Die Maßeinheit sind Pixel. Technisch gesehen ist der Pixel nicht nur eine Einheit, sondern auch ein zweidimensionales Objekt. Aber das ist eine ganz andere Art von Beschreibung, also ignoriere ich diesen Punkt jetzt.

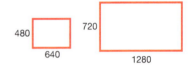

Seitenverhältnis:

Dies ist eine relative Beschreibung des Verhältnisses von Breite zu Höhe in Form von Bruchrechnung bzw. Division.

B:H = 640:480 = 4:3 = 1.333 oder B:H = 1280:720 = 16:9 = 1.77

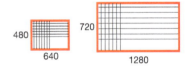

Auflösung

Wenn wir für jede Pixeleinheit in einem Frame eine horizontale und vertikale Linie zeichnen, haben wir am Ende ein Gitter mit z.B. 1280 vertikalen Linien und 720 horizontalen Linien. Obwohl die Auflösung der Wert ist, wie viele Zellen in einem Frame sind (wie fein oder wie hoch die Auflösung ist), wird das eigentliche Ergebnis (921.600) nicht verwendet. Stattdessen wird der Multiplikations-Ausdruck 1280x720 für die Auflösung verwendet, da er auch die Information über Breite und Höhe des Frames und damit auch das Seitenverhältnis enthält. Der Wert 921.600 sagt nur darüber etwas aus, wieviele Pixel in dem Bereich sind, aber nichts über das Seitenverhältnis.

Videoformat

Mit diesem Begriff kann man ein ganzes Set von Parametern wie z.B. PAL, NTSC, 720p, 1080i beschreiben. Dies sind unterschiedliche Videoformate mit eigenen komplexen Beschreibungen und Standards. Die Framegröße (und damit auch das Seitenverhältnis) ist meist ein Teil davon. Zum Beispiel hat das Videoformat 720p eine Framegröße von 1280x720 Pixeln mit einem Seitenverhältnis von 16:9.

Das war eine sehr vereinfachte Beschreibung dieser Fachbegriffe, aber hoffentlich genug, um die Verwirrung auf den nächsten Seiten zu vermeiden. Jetzt nehmen wir den Begriff Framegröße als Vertretung für die anderen drei Begriffe und stellen die Fragen in Bezug auf Compressor. Worauf müssen wir achten, wenn wir die Framegröße als Teil der Kodierungseinstellungen verändern?

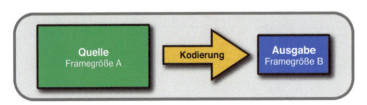

➡ Framegröße ändern

Was geschieht, wenn wir die Framegröße eines Videos in eine andere Framegröße ändern?

- **Gleiches Seitenverhältnis**: Wenn das Seitenverhältnis gleich bleibt, wird das Bild nur kleiner oder größer (Beispiel B, C)
- **Anderes Seitenverhältnis**: Wenn sich das Seitenverhältnis verändert, dann haben Sie am Ende ein verzerrtes Bild. Es sieht gestaucht oder gestreckt aus. (Beispiel D, E)

➡ Einen Teil des Frames auswählen

Mit diesem Vorgang wählen Sie einen Teil des Bildes und schneiden es aus, auch bekannt als Beschneiden (Cropping). Sie erstellen einen neuen Frame, der seine eigene Framegröße hat (Breite x Höhe) und das daraus resultierende Seitenverhältnis. Der beschnittene Frame ist kleiner als die ursprüngliche Framegröße. Sie können ihn hochskalieren, um die gleiche Framegröße zu bekommen, die das Original hat. Wenn das Seitenverhältnis des beschnittenen Frames anders als das ursprüngliche Seitenverhältnis ist, haben Sie am Ende natürlich ein verzerrtes Bild. Das beschnittene und skalierte Bild kann nun in jede andere Framegröße verändert werden, wie Sie im unteren Beispiel sehen können (B, C, D, E).

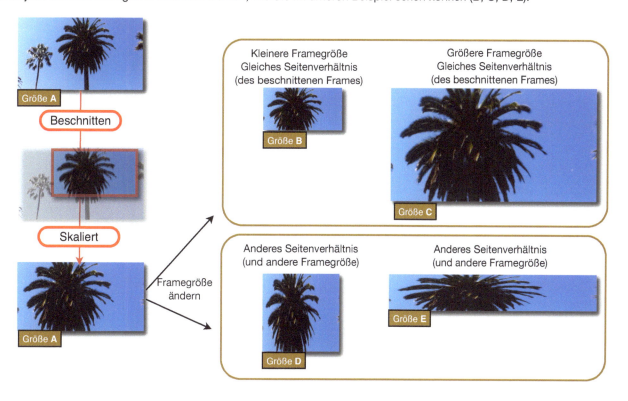

Wie wir später noch sehen werden, gibt es eine Menge von Parametern und Attributen in den Einstellungen, mit denen wir die Quelldatei verändern können. Die Framegröße ist nur eines davon. Es gibt jedoch einen Grund, warum die Framegröße etwas Besonderes ist und warum ich zusätzliche Zeit verwende, um ein paar Grundlagen zu erklären:

Das Vorschaufenster hat einen Rahmen. Es kann Quelle und Einstellungen in einem geteilten Bildschirm anzeigen. Wenn wir z. B. in den Einstellungen die Farbe verändern, dann zeigt der rechte Teil des Fensters (Einstellung) eine andere Farbe an als der linke Teil (Quelle). Kein Problem. Wenn Sie jedoch eine andere Framegröße eingestellt haben, dann gibt es ein Problem. Das Vorschaufenster hat nur einen Rahmen und nun stellt sich die Frage, welche Framegröße wird im geteilten Bildschirm angezeigt, die Framegröße der Quelle oder die des Frames mit den Einstellungen? Die Antwort ist: Sie können wählen.

 Das Vorschaufenster hat zwei Tasten in der oberen rechten Ecke. Im Handbuch werden sie „Tasten für Original-/Ausgabeversion" genannt und diese Tasten stehen in Verbindung mit der kleinen Anzeige in der unteren linken Ecke mit der Benennung „Original-/Ausgabeinformationen" (eine der kleinen Ungereimtheiten).

So funktioniert es:

Die **Stapelelement-Auswahl** (blau) legt fest, was im Videobereich der Vorschau angezeigt wird.

- Quelle ist ausgewählt: Die Quelldatei wird angezeigt.
- Einstellung ist ausgewählt: Der geteilte Bildschirm zeigt Original- und Ausgabeversion.

Die **Framegrößen-Auswahl** (braun) legt fest, welche Framegröße verwendet wird, um das Video anzuzeigen.

- Quelle ist ausgewählt (linke Taste): Die Framegröße der Quelle wird für die Anzeige verwendet.
- Ausgabe ist ausgewählt (rechte Taste): Die Framegröße der Ausgabe wird für die Anzeige verwendet.

Die **Framegrößen-Anzeige** (braun) zeigt die Framegröße und deren Auswahl.

- Quelle: Zeigt an, dass die Framegröße der Quelle verwendet wird.
- Ausgabe: Zeigt an, dass die Framegröße der Ausgabe (mit den entsprechenden Einstellungen) verwendet wird.

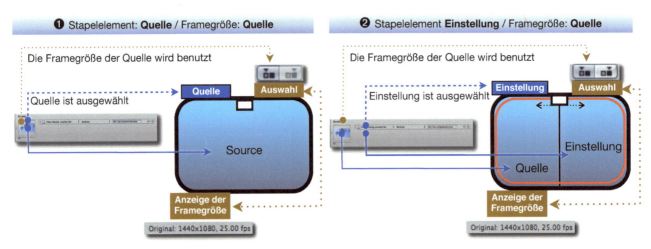

❶ Wenn das ausgewählte Stapelelement eine Quelle ist, kann die Framegrößen-Auswahl nicht umgeschaltet werden (ausgegraut). Es kann nur in der Framegröße der Quelle angezeigt werden.

❷ Quell- und Ausgabevideo werden beide im geteilten Fenster mit der Framegröße der Quelle angezeigt. Der linke Bereich des Fensters repräsentiert das Quell-Video mit der korrekten Framegröße. Der rechte Bereich des geteilten Fensters, der das Ausgabe-Video mit Einstellungen zeigt, könnte falsch (verzerrt) dargestellt werden, wenn es eine andere Framegröße als die Quelle hat.

❸ Quell- und Ausgabevideo werden im geteilten Fenster mit der Framegröße der Ausgabe angezeigt. Der rechte Bereich repräsentiert das Ausgabevideo mit seinen Einstellungen und hat die korrekte Frame-größe. Der linke Bereich, der die Quelle repräsentiert, könnte falsch (verzerrt) dargestellt werden, wenn er eine andere Framegröße als die Ausgabe hat.

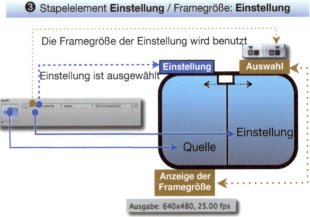

Sie können mit den zwei Tasten die Framegrößen-Anzeige umschalten und in der Framegrößen-Information in der unteren linken Ecke die Framegrößen von Quelle und Ausgabe überprüfen.

➡ Beschneiden (Cropping)

Wie passt nun die Beschneiden-Funktion zum Stapelelement und zur Framegrößen-Auswahl? Hier ein Schritt-für-Schritt-Beispiel:

❶ Das ist der erste Schritt, wo Sie die eine Quelle, die in der Vorschau angezeigt werden soll, auswählen. Die Vorschau zeigt die korrekte Framegröße der Quelle, da das die einzige Möglichkeit ist.

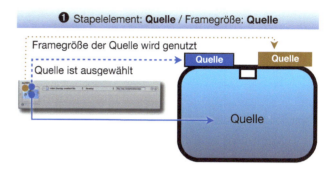

❷ Nun wählen Sie die Einstellung aus der Stapelelement-Auswahl. Das ist die Einstellung, die Sie für die Kodierung konfigurieren können. Zwei Dinge geschehen:

• Die Anzeige wird zu einem geteilten Bildschirm.

• Der rote Beschneidungsrahmen wird sichtbar..

Beachten Sie bitte, dass die Framegrößen-Auswahl auf Quelle eingestellt ist. Wie schon erwähnt, könnte das zu einer unkorrekten Darstellung des Videos mit den Einstellungen auf der rechten Seite der geteilten Darstellung führen, wenn eine andere Framegröße in den Einstellungen festgelegt ist.

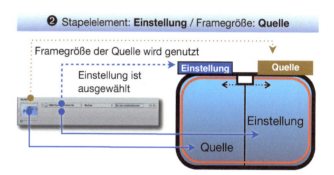

❸ Sie können die Griffe an dem roten Beschneidungsrahmen verwenden, um bei einem Frame die Größe zu verändern. Erinnern Sie sich daran, dass Sie auch beim geteilten Bildschirm nur einen Frame sehen. Das bedeutet, dass die Position der Trennlinie keinen Einfluss auf das Beschneiden hat. Das Wichtigste ist, dass die Beschneiden-Abmessungen auf die aktuelle Framegrößen-Auswahl angewendet wird, die der Framegröße der Quelle zugewiesen ist.

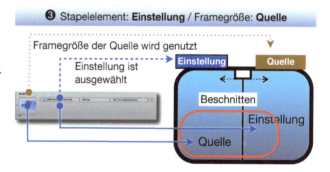

❹ Hier ist der wichtigste Schritt, auf den Sie achten müssen. Wenn Sie die Beschneiden-Auswahl getroffen und die Framegrößen-Anzeige umgeschaltet haben, um die Framegröße der Einstellung anzuzeigen, werden zwei Dinge geschehen:

• Die Beschneiden-Auswahl (aus dem vorherigen Schritt) skaliert sich hoch auf die Framegröße der Einstellung.

• Die Beschneiden-Grenzen verschwinden.

Sie können die Taste für die Framegrößen-Auswahl zwischen Quelle und Ergebnis umschalten, um zurückzugehen und die Beschneiden-Auswahl erneut anzupassen und das Ergebnis zu sehen.

Denken Sie daran, dass, wenn die Framegröße der Quelle anders ist als die angezeigte Einstellung, die Quelle nicht korrekt dargestellt wird. Aber das macht nichts, da wir daran interessiert sind, wie die Einstellung (die mögliche Ausgabe-Mediendatei) aussieht.

Programmoberfläche (GUI, graphical user interface)

Nun haben wir den Hauptteil erledigt. Wenn Sie die grundlegenden Mechanismen bezüglich des Vorschaufensters einmal verinnerlicht haben, ist der Rest ziemlich einfach.

Das Vorschaufenster unterstützt zwei Funktionen:

❶ **Betrachten**: Echtzeit-Vorschau des Videos, vor und nach der Kodierung

Spielen Sie das Video ab und sehen Sie in Echtzeit, wie es nach der Kodierung aussehen wird. Auf diese Weise können Sie mit einem visuellen Feedback Einstellungen zuweisen und anpassen, ohne sie endgültig anzuwenden.

❷ **Bearbeiten**: Zusätzliche Anpassungen

Obwohl alle Kodierungseinstellungen im Inspektor vorgenommen werden, gibt es ein paar Einstellungen, die direkt im Vorschaufenster zugewiesen werden können: Dauer, Marker und Beschneiden.

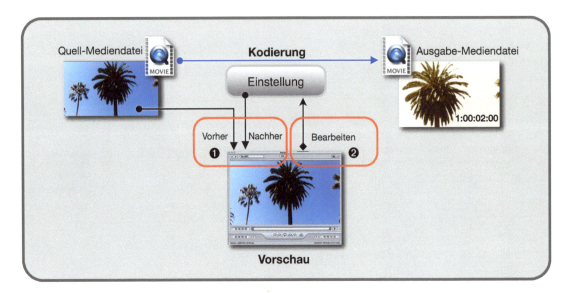

Beschränkungen:

Von den vier Hauptkomponenten, die eine Kodierungseinstellung ausmachen, können nur Filter- und Geometrieeinstellungen vollständig in der Vorschau wiedergegeben werden. Die Auswirkung von Codierer und Bildsteuerung kann nur überprüft werden, wenn die Ausgabe-Mediendatei nach dem Kodieren abgespielt wird. Eine Ausnahme ist die Framegröße, die Teil der Kodierungseinstellung ist. Wie wir jetzt gesehen haben, können diese Einstellungen in der Vorschau dargestellt werden.

Zum Schluss lassen Sie uns durch die Liste aller Elemente und Steuerungen im Vorschaufenster gehen und sie in zwei Gruppen unterteilen, basierend auf den Grundfunktionen: **Betrachten** - **Bearbeiten**

➡ **Elemente für die Betrachtung**

▶ **Stapelelement-Popupmenü**: Hier wird der Inhalt des ausgewählten Stapelfensters aufgelistet und ist eine Darstellung aller Aufgaben und derer Ziele in diesem Stapelfenster. Der Name der Quell-Mediendatei einer Aufgabe wird als erstes aufgelistet, gefolgt von den Namen der Einstellungen für jedes Ziel. Als ein verknüpftes Fenster ändert die Auswahl des Elements in dieser Liste die Auswahl im entsprechenden Stapelfenster und umgekehrt.

▶ **Stapelelement-Auswahltaste**: Das sind die „durch die Liste gehen"-Tasten. Klicken des Links- oder Rechtspfeils führt aufwärts oder abwärts durch die Liste des Stapelelement-Popupmenüs.

▶ **Vorschau-Skalierungsauswahl:** Hier wird die Vorschaufenster-Größe im Verhältnis zur Videoframe-Größe skaliert. Sie können einen der drei Werte (100%, 75%, 50%) auswählen oder die Größe des Videoframes an die Größe der Vorschau anpassen, wobei die Skalierung in % angezeigt wird. Die zusätzliche Auswahl „Pixelformat korrekt darstellen" ist für den Ausgleich der verschiedenen Pixel-Seitenverhältnisse. Die Skalierung in der Vorschau hat keinen Einfluss auf die eigentliche Ausgabe-Mediendatei. Wenn Sie die Maus über die Taste bewegen, erscheint ein Hilfsfenster, das die aktuelle Größe in Breite und Höhe anzeigt.

▶ **Framegrößen-Ansicht:** Wählen Sie, ob die Framegröße der Quelldatei (linke Taste) oder die der Ausgabedatei (rechte Taste) angezeigt werden soll. Wenn das Stapelelement eine Quelldatei ist, dann ist die rechte Taste inaktiv.

▶ **Schieber für geteilten Bildschirm:** Er hat nur eine Auswirkung, wenn eine Einstellung aus der Stapelelement-Liste ausgewählt ist. Sie können ihn nach links oder rechts verschieben. Der linke Bereich zeigt die Quell-Mediendatei und der rechte das Video mit den Einstellungen, wobei das Ausgabevideo simuliert wird. Sie können den Schieber sogar während der Wiedergabe verschieben, um einen „vorher/nachher"-Vergleich zu sehen.

▶ **Timeline mit Playhead**: Der Timeline-Balken repräsentiert die Länge des gesamten Videos und der gelbe Playhead markiert die Position des aktuellen Frames. Seine Position wird im Timecode-Fenster links neben der Timeline angezeigt. Sie können die Postion des Playheads verändern, indem Sie in die Timeline klicken oder die Timecode-Adresse verändern. Das Video startet bei 00:00:00:00, unabhängig davon, welcher Timecode im Quellvideo eingebettet ist.

▶ **Framegröße, Framerate**: Hier werden die aktuelle Framegröße und Framerate, basierend auf der „Framegrößen-Auswahl"-Taste angezeigt.

▶ **Abspieltasten**: Das sind typische Abspieltasten, die auch als Shortcuts verfügbar sind: **Leertaste** für Abspielen/Pause, **J** für rückwärts 2x, **K** für vorwärts 2x. **Linkspfeil** und **Rechtspfeil** bewegen den Playhead um einen Frame.

▶ **Dauer**: Hier wird die Dauer zwischen In- und Outpoint angezeigt.

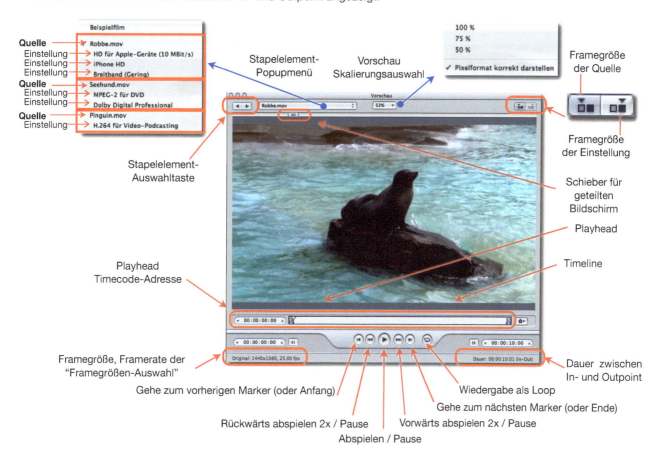

➡️ **Elemente für die Bearbeitung**

Hier sind die drei Parameter der Kodierungseinstellungen, die im Vorschaufenster verändert werden können:

▸ **Inpoint - Outpoint**

Diese Funktion ist einfach und sehr praktisch. Sie ist jetzt sogar noch wichtiger, da FCPx nur erlaubt, das gesamte Projekt zu exportieren und nicht nur einen Teil davon. Stattdessen übergeben Sie das Projekt an Compressor und setzen hier die In- und Outpoints, wenn Sie nur einen Bereich des Projektes exportieren möchten. Die Auswahl wird während des Kodierens auf alle Ziele in dieser Aufgabe angewendet.

Sie können die In- und Outpoints auf verschiedene Arten setzen:

- Setzen Sie den Playhead auf die Position und drücken Sie die Shortcuts **I** (Inpoint) oder **O**(Outpoint).
- Bewegen Sie den Playhead auf die Position und nutzen Sie die Tasten "Inpoint setzen" oder "Outpoint setzen".
- Passen Sie die Timecode-Adresse für den Inpoint oder den Outpoint an. Nutzen Sie die kleinen Auf- und Ab-Pfeile, ziehen Sie den numerischen Wert hoch oder runter oder geben Sie den Wert nach einem Doppelklick auf die Anzeige numerisch ein.
- Bewegen Sie den Inpoint- oder Outpoint-Marker in der Timeline.

▸ **Beschneiden**

Der rote Beschneidungsrahmen ist nur sichtbar, wenn eine Einstellung (nicht eine Quelle) im Stapelelement-Popupmenü ausgewählt ist und die Framegrößen-Vorschau auf Quelle (linke Taste) gesetzt ist.

- Größenänderung mit Beschneidungsgriffen: Sie können jede der Ecken oder Seitengriffe verschieben, um die Beschneiden-Auswahl vorzunehmen (bei gleichzeitigem Drücken der Umschalt- oder Befehlstaste gibt es ein paar Einschränkungen des Seitenverhältnisses, wenn die Eckgriffe gezogen werden).
- Bewegen: Sie können den gesamten beschnittenen Bereich verschieben, während er sein Seitenverhältnis beibehält.
- Während des Ziehens erscheint eine Anzeige, die den Versatz an der linken, rechten, oberen und unteren Kante zwischen ganzem Bild (Quelle) und beschnittenem Bild (Ausgabe) anzeigt. Diese Beschneiden-Werte korrespondieren mit den Geometrie-Einstellungen im Informationen-Fenster.

Auch hier müssen zwei Dinge ausgewählt sein, um den Beschneidungsrahmen anzuzeigen:

- Wählen Sie eine Einstellung (nicht eine Quelle) aus dem Stapelelement-Popupmenü), die Sie bearbeiten wollen.
- Wählen Sie die Framegröße der Quelle durch Klicken auf die linke Taste.

Das Wählen der Framegröße der Einstellung (rechte Taste) zeigt das Ergebnis: Der beschnittene Bereich wird hochskaliert auf die Framegröße der Einstellung (der rote Beschneidungsrahmen verschwindet).

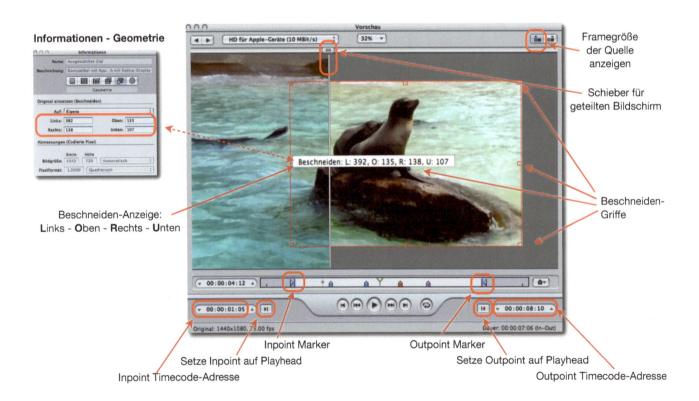

▶ Marker

Eine andere Einschränkung im neuen FCPx finden wir bei den Markern. Kapitelmarker müssen jetzt in Compressor gesetzt werden. Folgende Formate unterstützen Marker: MPEG-1, MPEG-2 (für Podcast und DVD Studio Pro), QuickTime Movies und H.264 für Apple-Geräte.

Sie können Marker in drei Bereichen verwalten:

- In der Timeline
- Mit den Abspiel-Tasten: Gehe zum vorherigen / nächsten Marker
- Im Marker-Popupmenü

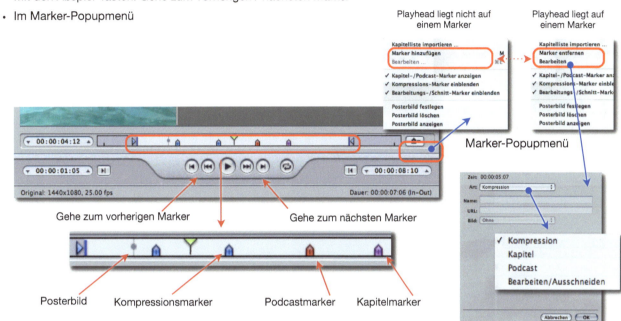

Es gibt vier Arten von Markern plus den Poster Frame:

☙ Blau - **Compressor-Marker**: Diese Marker veranlassen Compressor ein MPEG I-frames zu setzen.

☙ Lila - **Kapitel-Marker**: Das sind die Standard-Marker, die in Compressor mit dem Shortcut M gesetzt werden. Sie werden für DVD und Blu-Ray-Authoring genutzt. Sie können ihnen einen Namen, eine URL und ein Bild zuweisen.

☙ Rot - **Podcast-Marker**: Sie werden für Podcasts genutzt. Auch hier können Sie Namen, URL und Bild zuweisen.

☙ Grün - **Bearbeitungs- / Schnitt-Marker**: Diese werden automatisch an jedem Schnitt der importierten FCPx-Sequenz gesetzt. Das sind Marker mit einer bestimmten Aufgabe, auch bekannt als *automatische Kompressionsmarker*. Compressor nutzt diese Marker, um die Qualität der Kompression zu verbessern, indem es MPEG I-Frames generiert.

☙ Grau - **Posterbild**: Dies ist ein spezieller Marker. Er markiert das Bild, das als Referenzbild dienen soll, um die Videodatei in iTunes oder anderen Applikationen, die diese Funktion unterstützen, zu repräsentieren. Im Unterschied zu anderen Markern kann es nur ein Posterbild geben.
Das Posterbild ist nicht wirklich ein Marker und hat drei Befehle im Popupmenü:
Posterbild festlegen, *Posterbild löschen*, *Posterbild anzeigen*

Im Marker-Popupmenü können Sie auswählen, welche Art Marker auf der Timeline gezeigt werden sollen.

- Kapitel- / Podcast-Marker anzeigen
- Kompressions-Marker einblenden
- Bearbeitungs- / Schnitt-Marker einblenden

Kapitelliste importieren

Mit diesem speziellen Befehl können Sie eine Textdatei importieren, die eine Markerliste beinhaltet. Das Format ist recht einfach. Eine Zeile pro Marker und jede Zeile hat zwei Einträge: Den Timecode (hh:mm:ss:ff) und den Namen des Markers. Beide Einträge können durch Komma, Leerzeichen oder Tab getrennt werden. Die Marker müssen nicht in chronologischer Reihenfolge aufgelistet sein und jede Zeile, die nicht mit einem Timecode beginnt, wird ignoriert (praktisch für Kommentare). Die importierten Marker werden als Kapitelmarker behandelt.

Hier sehen Sie, wie Marker verwaltet werden.

💡 Marker hinzufügen

Das ist ein Vorgang mit zwei Schritten: Als erstes platzieren Sie den Playhead in der Timeline an der Stelle, wo der Marker entstehen soll und dann erstellen Sie den Marker mit einem der folgenden Befehle:

- Nutzen Sie den Shortcut **M** (der Befehl schaltet zwischen Marker erstellen und Marker löschen um).
- Nutzen Sie den *Marker hinzufügen*-Befehl aus dem Marker-Popupmenü. Der Befehl ändert sich zu *Marker entfernen* wenn der Playhead auf einem Marker liegt

💡 Marker entfernen

Auch ein Vorgang mit zwei Schritten: Als erstes platzieren Sie mit der Transportkontrolle (gehe zum vorherigen / nächsten Marker) den Playhead auf dem Marker, den Sie entfernen möchten und dann nutzen Sie einen der zwei Befehle:

- Nutzen Sie den Shortcut **M** (der Befehl schaltet zwischen Marker erstellen und Marker löschen um).
- Nutzen Sie den *Marker entfernen*-Befehl aus dem Marker-Popupmenü. Dieser Befehl wird im Popupmenü nur sichtbar, wenn der Playhead exakt auf einem Marker liegt.

💡 Marker bearbeiten

Ein weiterer Zwei-Schritte-Vorgang: Als erstes platzieren Sie den Playhead auf dem Marker, den Sie bearbeiten möchten, indem Sie die Transportkontrolle (gehe zum vorherigen / nächsten Marker) nutzen und wählen dann einen der folgenden Befehle:

- Nutzen Sie den Shortcut **cmd+E**.
- Nutzen Sie den *Bearbeiten...*-Befehl aus dem Marker-Popupmenü.

Der Bearbeiten-Befehl öffnet ein Bearbeitungs-Fenster. Dieses Fenster sieht immer ein wenig anders aus, je nachdem, was für ein Marker ausgewählt ist.

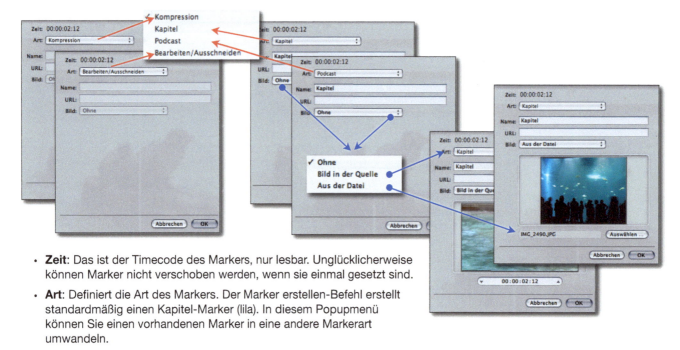

- **Zeit**: Das ist der Timecode des Markers, nur lesbar. Unglücklicherweise können Marker nicht verschoben werden, wenn sie einmal gesetzt sind.
- **Art**: Definiert die Art des Markers. Der Marker erstellen-Befehl erstellt standardmäßig einen Kapitel-Marker (lila). In diesem Popupmenü können Sie einen vorhandenen Marker in eine andere Markerart umwandeln.
- **Name**: Gibt dem Marker einen Namen. Die Benennung wird nur in der Ausgabedatei in unterstützen Dateiformaten (Kapitelmarker und Podcastmarker) sichtbar.
- **URL**: Hiermit wird eine aktive Verknüpfung zu einem Markerbild gesetzt, das nur in der Ausgabedatei mit Podcastmarkern angezeigt wird.
- **Bild**: Weist einem Kapitelmarker oder Podcastmarker ein Bild zu. In einem Popupmenü können Sie entweder ein Bild des aktuellen Videos (*Bild in der Quelle*) zuweisen oder ein beliebiges Bild von der Festplatte importieren (*Aus der Datei*).

Zielorte

Bevor ich die einzelnen Parameter und Funktionen der Zielorte erkläre, lassen Sie uns als erstes auf das Diagramm schauen, welches die Zielorte im Überblick zeigt.

Oben sehen wir die drei vertrauten Elemente: **Quell-Mediendatei - Kodierung - Ausgabe-Mediendatei**. Aber bevor wir die Senden-Taste drücken und den Vorgang starten, müssen wir Compressor zwei weitere Dinge sagen:

▸ Wo soll die Ausgabe-Mediendatei gespeichert werden? An welchem Ort?

▸ Wie soll der Name der Ausgabe-Mediendatei lauten?

Normalerweise werden diese Entscheidungen nach dem Sichern-Befehl, der einen Datei-Auswahl-Dialog öffnet, getroffen. Dort geben Sie den Dateinamen ein und navigieren zu dem Ort, wo Sie die Datei sichern wollen. Im Fall von Compressor ist das nicht sehr geeignet, da Sie mehrere Kodierungsprozesse einrichten können und alle auf einmal in einem Stapel kodieren können.

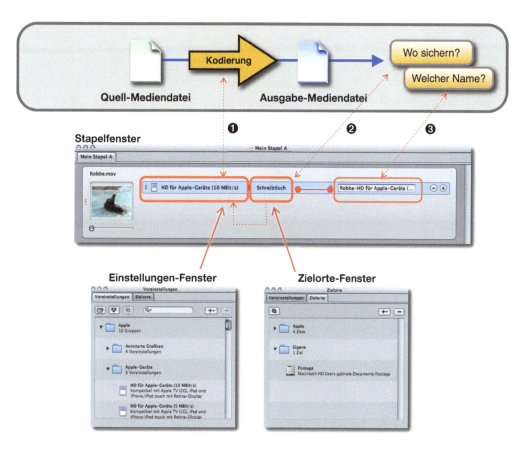

Wie wir schon gesehen haben, enthält die Konfiguration eines Kodierungsprozesses drei Elemente:

❶ **Einstellung**: Die Einstellungen beinhalten die Parameter, die den Kodierungsprozess festlegen. Das Einstellungen-Fenster enthält alle verfügbaren Konfigurationen, um daraus auszuwählen.

❷ **Zielort**: Das Zielorte-Fenster enthält alle vordefinierten Zielorte, um daraus auszuwählen.

❸ **Dateiname**: In jedem Zielort können Sie auch eine festgelegte Regel definieren, die automatisch einen Dateinamen auf eine bestimmte Art und Weise erstellt (weiter unten erklärt). Der Dateiname wird automatisch im Zielort in einem Eingabefeld, basierend auf der Regel, erstellt. Der Name kann manuell überschrieben werden.

Zielort

Zielorte verwalten

Die Zielorte werden im Zielorte-Fenster verwaltet. Das Fenster enthält nur Folgendes:

▶ Drei Einstellungen: **Duplizieren**, **Hinzufügen**, **Löschen** eines Ziels.

▶ Zwei Ordner:

- **Apple**: Dieser Ordner enthält vier Standard-Zielorte, die nicht geändert oder gelöscht werden können.
  - *Original*: Die Ausgabe-Mediendatei wird am gleichen Ort gespeichert wie die Quell-Mediendatei.
  - *Schreibtisch*: Die Ausgabe-Mediendatei wird auf dem Schreibtisch des Benutzers gespeichert.
  - *Benutzerordner „Filme"*: Die Ausgabe-Mediendatei wird im „Filme"-Ordner des Benutzers gespeichert.
  - *Cluster-Speicher*: Das ist nur verfügbar, wenn eine *verteilte Bearbeitung* für Compressor freigegeben ist (mehr dazu im Kapitel über Renderfarmen).
- **Eigene**: Dieser Ordner enthält alle Zielorte, die Sie selbst festgelegt haben.

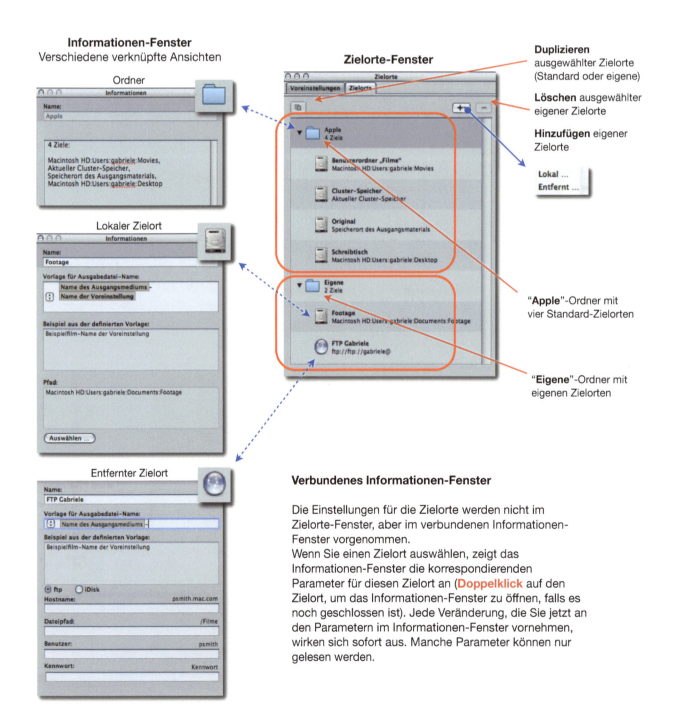

Informationen-Fenster
Verschiedene verknüpfte Ansichten

Ordner

Lokaler Zielort

Entfernter Zielort

Zielorte-Fenster

Duplizieren
ausgewählter Zielorte
(Standard oder eigene)

Löschen ausgewählter
eigener Zielorte

Hinzufügen eigener
Zielorte

"**Apple**"-Ordner mit
vier Standard-Zielorten

"**Eigene**"-Ordner mit
eigenen Zielorten

Verbundenes Informationen-Fenster

Die Einstellungen für die Zielorte werden nicht im Zielorte-Fenster, aber im verbundenen Informationen-Fenster vorgenommen.
Wenn Sie einen Zielort auswählen, zeigt das Informationen-Fenster die korrespondierenden Parameter für diesen Zielort an (**Doppelklick** auf den Zielort, um das Informationen-Fenster zu öffnen, falls es noch geschlossen ist). Jede Veränderung, die Sie jetzt an den Parametern im Informationen-Fenster vornehmen, wirken sich sofort aus. Manche Parameter können nur gelesen werden.

Es gibt zwei Arten von Zielorten:

Bitte beachten Sie, dass es die Funktion"Enternte Zielorte" seit Compressor 4.0.3 nicht mehr gibt

Wenn Sie auf die Plus-Taste drücken, um einen neuen Zielort zu erstellen , öffnet sich dieses Popupmenü:

➡ **Lokalen Zielort erstellen:**

- Klicken Sie die Taste und wählen Sie "*Lokal...*" aus dem Popupmenü.

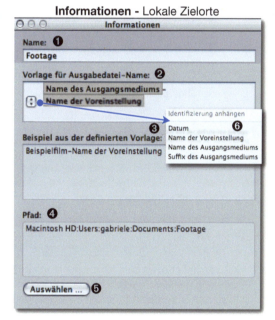

- Ein Dateiauswahl-Fenster öffnet sich. Hier können Sie zu dem Ort navigieren, den Sie für den Zielort auswählen möchten. Sie können jeden Ordner auf jeder gemounteten Festplatte auswählen. Er kann auf der internen Festplatte oder einer Netzwerkfestplatte liegen. Klicken Sie die „Öffnen"-Taste.

- Das Dateiauswahl-Fenster schließt sich und ein neuer Zielort wird im „Eigene"-Ordner des Zielorte-Fensters erstellt.

- Der neue Zielort wird nach dem ausgewählten Ordners benannt. In der Zeile darunter sehen Sie den Pfad zum Ordner. Der lokale Zielort wird durch ein Festplattensymbol repräsentiert.

- **Doppelklick** auf den neuen Zielort öffnet das Informationen-Fenster für weitere Einstellungen. Es enthält folgende Einstellungen:

❶ **Name**: Das ist der Name des Zielortes, der vom ausgewählten Ordner übernommen worden ist, als er erstellt wurde. Er kann überschrieben werden.

❷ **Ausgabedatei-Name-Vorlage**: Legen Sie die Regeln fest, wie die Ausgabedatei benannt werden soll (siehe unten).

❸ **Beispiel für eine Vorlage**: Das zeigt, wie der Name, basierend auf der konfigurierten Vorgabe, aussieht (nur lesbar).

❹ **Pfad**: Das ist der vollständige Pfad zum vorgegebenen Ordner, in dem die Ausgabedatei gespeichert wird.

❺ **Auswählen**: Diese Taste öffnet nochmals das Dateiauswahl-Fenster, um einen anderen Ordner als Zielort festzulegen.

🟡 **Vorlagen für Dateinamen**

Jeder Zielort besteht aus zwei Komponenten: Das eigentliche Ziel und der Name der Ausgabe-Mediendatei. Der erste Wert ist einfach, da es ein fester Wert ist, also der Ort des Ordners. Der Dateiname kann jedoch nicht festgelegt werden. Dann würde nämlich jede Ausgabedatei den gleichen Namen tragen. Anstatt also einen festen Wert zu vergeben, können Sie eine Reihe von Regeln mit Variablen erstellen. Sie können auf einfache Art und Weise eine *„Vorlage für Ausgabedatei-Name"* erstellen.

Der Bereich „Vorlage für Ausgabedatei-Name" in den Informationen ist ein Miniskript-Bereich. Sie können hineinklicken und ein blinkender Textcursor wie in einem Texteditor erscheint.

- Sie können Text in das Feld eintragen und / oder ...

- Auf die kleine Taste drücken, um das „Identifizierung anhängen"-Popupmenü zu öffnen ❻. Es listet vier Variablen (die Identifizierungen) auf, die durch Klicken in das Texteingabefeld übertragen werden können. Wenn Sie zum Beispiel „Name des Ausgangsmediums" auswählen, dann übernimmt die Ausgabe-Mediendatei den Namen der Quell-Mediendatei. Das Skript fügt automatisch einen Bindestrich zwischen zwei ausgewählten Identifizierungen hinzu. Sie können wählen zwischen:
  Datum - Name der Voreinstellung - Name des Ausgangsmediums - Suffix des Ausgabemediums

- Entfernen Sie Text oder Identifizierungen aus dem Textfeld, indem Sie den Cursor direkt dahinter platzieren und die **Entfernen**-Taste drücken.

- Sortieren Sie die Identifizierungen um, indem Sie sie an die gewünschte Position verschieben.

➡ Entfernten Zielort erstellen

Bitte beachten Sie, dass es die Funktion"Enternte Zielorte" seit Compressor 4.0.3 nicht mehr gibt

- Klicken Sie die Plus-Taste im Zielorte-Fenster [+▾] und wählen Sie anschließend "*Entfernt...*" aus dem Popupmenü aus.

- Ein Fenster gleitet aus dem Zielorte-Fenster hinaus, wo Sie Einstellungen für den entfernten Zielort festlegen können.

- Sie können die Parameter jetzt oder später eingeben. Klicken Sie die „OK"-Taste.

- Das Fenster schließt sich und ein neuer entfernter Zielort wird im „Eigene"-Ordner im Zielorte-Fenster erstellt.

- Der neue Zielort wird den Namen tragen, den Sie im vorherigen Fenster eingegeben haben. Die Zeile darunter zeigt den FTP-Pfad an. Das entfernte Ziel wird durch ein Globus-Symbol angezeigt.

- Öffnen Sie das Informationen-Fenster für weitere Konfigurationen des neuen Zielortes. Das Informationen-Fenster enthält folgende Einstellungen:

> ❶ **Name**: Das ist der Name des Zielortes aus dem ursprünglichen Konfigurations-Fenster. Sie können ihn überschreiben.
>
> ❷ **Ausgabedatei-Name-Vorlage**: Legen Sie die Regeln fest, wie die Ausgabedatei benannt werden soll (siehe vorherige Seite).
>
> ❸ **Beispiel für eine Vorlage**: Hier wird gezeigt, wie der Name, basierend auf der konfigurierten Vorgabe, aussieht (nur lesbar).
>
> ❹ **FTP / iDisk**: Mit der Knopftaste können Sie zwischen FTP- und iDisk-Protokoll wählen. „iDisk" ist ein eingestellter Service von Apple, womit diese Auswahl in einem zukünftigen Compressor-Update wahrscheinlich wegfallen wird oder eventuell durch den iCloud-Service ersetzt wird.
>
> ❺ **FTP-Login**: Diese vier Felder sind für die Login-Daten für einen bestimmten FTP-Server. Das ist sehr praktisch, da Sie auf dem FTP-Server nicht eingeloggt sein müssen, bevor Sie kodieren. Compressor loggt sich, als Teil des Kodierungsprozesses, automatisch ein. Setzen Sie den Benutzer und das Passwort nur, wenn es vom FTP-Server benötigt wird.

Informationen - Entfernter Zielort

🙂 Konflikte mit Dateinamen

Compressor warnt Sie, bevor Sie den Kodierungsprozess starten, wenn es mögliche Probleme mit dem Zielort oder der Benennung gibt. Das Ziel wird mit einem gelben Warndreieck oder einem roten Ausrufezeichen markiert. Wenn Sie die Maus über dieses Symbol schieben, erscheint ein kleiner gelber Hinweis, der Sie genauer über das Problem informiert.

- ❶ Eine Datei mit dem gleichen Namen existiert schon an diesem Zielort. Das gelbe Symbol ist nur ein Warnhinweis. Sie können es ignorieren und Compressor überschreibt die vorhandene Datei an diesem Ort.

- ❷ Zwei Ziele haben den gleichen Namen und Zielort zugewiesen bekommen. Das kann passieren, wenn Sie den Namen manuell überschreiben. Compressor entdeckt normalerweise doppelte Namen und fügt eine Nummer hinzu. Sie werden mit einem Warnhinweis ❹ darauf hingewiesen, wenn Sie es ignorieren.

- ❸ Das zeigt Probleme mit der Ziel-Festplatte an, entweder ein Lese-Schreib-Problem oder die konfigurierte Festplatte ist nicht gemountet. Sie werden mit einem Warnhinweis ❺ darauf hingewiesen, wenn Sie es ignorieren.

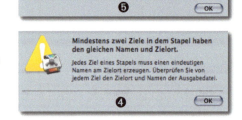

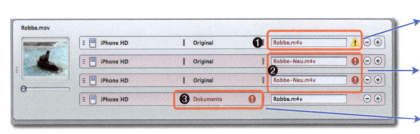

Dieses Ziel überschreibt eine vorhandene Datei mit dem gleichen Namen. Um die vorhandene Datei zu behalten, wählen Sie einen anderen Zielort oder ändern Sie den Namen der Ausgabedatei.

Zwei Ziele in dem Stapel haben den gleichen Namen und Zielort. Wählen Sie einen anderen Zielort, oder ändern Sie den Namen der Ausgabedatei.

Für den ausgewählten Zielort besitzen Sie nicht die entsprechenden Schreib-/Lese-Rechte. Überprüfen Sie, ob der Ordner schreibgeschützt ist oder ob Sie über Schreibrechte verfügen.

➡ **Zielort auswählen**

Es gibt verschiedene Wege, um einem Ziel einen Zielort zuzuweisen:

🌑 **Manuelle Auswahl**

- Aktivieren Sie das Ziel oder den Auftrag (oder mehrere) und wählen Sie im Hauptmenü *Ziel > Zielordner >*. Hiermit wird ein Untermenü geöffnet, das alle verfügbaren Zielorte (Apple und eigene) anzeigt. Sie können aber auch jeden anderen Ort mit dem „Andere...“-Befehl aussuchen.

- Wählen Sie das Ziel oder den Auftrag (oder mehrere) und machen Sie einen **Rechtsklick** darauf, um das Kontextmenü zu öffnen. Hiermit wird ein Untermenü geöffnet, das die gleichen Punkte zeigt wie das Hauptmenü.

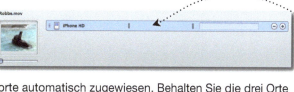

🌑 **Ziehen**

- **Ziehen** eines Zielortes vom Zielorte-Fenster direkt auf das Ziel. Er wird direkt dem Ziel zugewiesen.

- **Ziehen** eines Zielortes vom Zielorte-Fenster direkt auf einen Auftrag. Hiermit wird ein leeres Ziel mit diesem Zielort erstellt.

- **Ziehen** eines Zielortes vom Zielorte-Fenster direkt auf einen Stapel. Hiermit wird ein Auftrag mit einem leeren Ziel mit diesem Zielort erstellt.

🌑 **Automatisch**

In manchen Fällen werden Zielorte automatisch zugewiesen. Behalten Sie die drei Orte außerhalb des Zielorte-Fensters, die für die automatische Zuordnung zuständig sind, im Blick.

❶ **Compressor-Einstellungen**: Sie können jeden verfügbaren Ort als *Standardziel* festlegen.

❷ **Voreinstellungen**: Jeder Voreinstellung kann ein bestimmtes Ziel im Aktionen-Register (Zahnrad) des Informationen-Fensters zugewiesen werden.

❸ **Als Vorlage sichern**: Hier gibt es die Checkbox „*Standardzielort von Compressor verwenden*".

- Wenn Sie eine neue Voreinstellung erstellen, wird ihr automatisch ein eigener Standard-Zielort zugewiesen, wenn es so konfiguriert wird. Wenn es auf „Ohne" gesetzt ist, wird kein Zielort zugewiesen.

- Wenn Sie den Befehl „*Neues Ziel mit Voreinstellung*" nutzen:
  - Dem Ziel wird diese Voreinstellung mit seinem Standard-Zielort zugewiesen (wenn konfiguriert).
  - Dem Ziel wird diese Voreinstellung mit dem Standard-Zielort, der in den Einstellungen festgelegt wurde, zugewiesen (wenn die Voreinstellung auf „Ohne" gesetzt ist.

- Wenn Sie eine neue Vorlage auswählen:
  - Wenn die Checkbox ❸ keinen Haken hat, dann folgt das Ziel der Voreinstellungen-Konfiguration (Zielort ist ausgewählt oder „Ohne").
  - Wenn die Checkbox einen Haken hat, dann wird der Standard-Zielort aus den Compressor-Einstellungen benutzt und jede Konfiguration der Voreinstellungen wir überschreiben.

Einstellungen

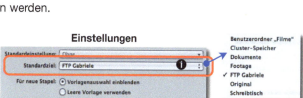

Informationen - Einstellungen

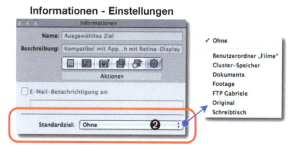

Als Vorlage sichern

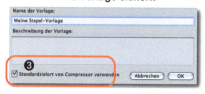

Entweder denken Sie an diese ganzen Gegebenheiten oder konfigurieren die Kodierung und ändern den Zielort im Ziel mit einer simplen manuellen Auswahl oder ziehen Sie den gewünschten Zielort direkt auf das Ziel.

Voreinstellungen für die Kodierung

Zum Schluss das Herz von Compressor, die Voreinstellungen:

> ## Voreinstellungen = Kodierungsanweisungen

Eine Voreinstellung ist wie ein Makro, das eine komplette Zusammenstellung von Kodierungsanweisungen enthält:

- Das Voreinstellungen-Fenster enthält all die Voreinstellungen für verschiedene Kodierungsanforderungen.
- Im Informationen-Fenster können Sie die einzelnen Einstellungen sehen und die individuellen Parameter bearbeiten.

Es sind zwei Schritte involviert, wenn Sie diese Voreinstellungen nutzen wollen:

Schritt ❶ - **ZUWEISEN**: Wählen Sie eine Voreinstellung aus dem Voreinstellungen-Fenster und weisen Sie sie einem Ziel zu.

Sie müssen immer mit einer konfigurierten Voreinstellung beginnen. Das Voreinstellungen-Fenster unterstützt eine breite Vielfalt von Voreinstellungen für verschiedene Anforderungen und das könnte alles sein, was Sie brauchen. Sie brauchen nichts über die Einzelheiten der Voreinstellung wissen. Wenn Sie zum Beispiel eine große Videodatei für die Wiedergabe auf dem iPhone kodieren möchten und dafür die iPhone-Voreinstellung verwenden, brauchen Sie diese nur als Ziel zuzuweisen und loszulegen.

Schritt ❷ - **KONFIGURIEREN**: Konfigurieren / Anpassen der Voreinstellung

Wenn Sie eher ein Abenteurer sind, können Sie zu Schritt zwei übergehen und die Voreinstellungen nach eigenen Bedürfnissen konfigurieren. Das verbundene Informationen-Fenster ist Ihr Bearbeitungswerkzeug. Hier können Sie alle individuellen Einstellungen, aus der eine Voreinstellung besteht, sehen und bearbeiten.

- **Zuweisen (2a)**: Sie können Ihre eigene Voreinstellung, die Sie später benutzen wollen, erstellen. Vielleicht war die vorgegebene iPhone-Voreinstellung nicht optimal. Passen Sie sie an und sichern Sie sie als eigene Voreinstellung. Ab jetzt können Sie diese eigene Einstellung jederzeit auf ein Ziel ziehen, wenn Sie diese eigene Einstellung für eine iPhone-Kodierung brauchen.
- **Anpassen (2b)**: Sie können auch eine Voreinstellung anpassen, die schon einem Ziel zugewiesen ist.

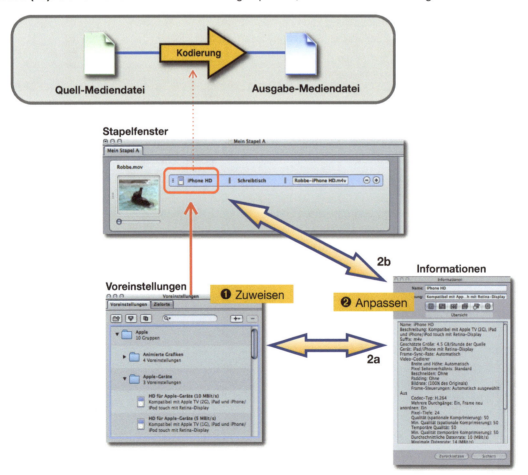

Voreinstellungen verwalten

Die verschiedenen Voreinstellungen werden im Voreinstellungen-Fenster verwaltet. Dieses Fenster enthält nur:

- ▶ Die Kopfzeile mit verschiedenen Steuerelementen
- ▶ Die Voreinstellungen-Liste, zusammengefasst in zwei Ordnern
  - • **Apple**: Dieser Ordner enthält alle Standard-Voreinstellungen, die nicht verändert oder entfernt werden können.
  - • **Eigene**: Dieser Ordner enthält alle Voreinstellungen, die Sie selbst erstellt haben.

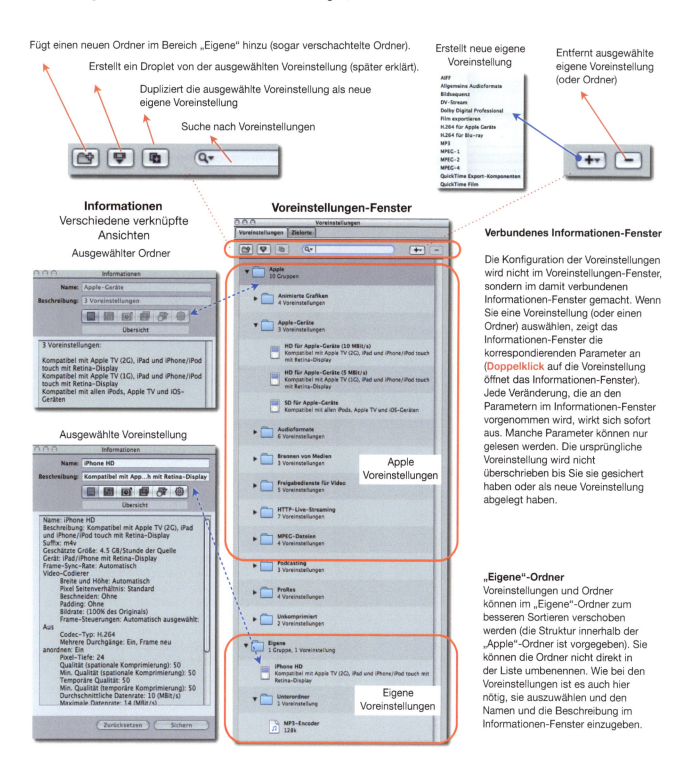

Fügt einen neuen Ordner im Bereich „Eigene" hinzu (sogar verschachtelte Ordner).

Erstellt ein Droplet von der ausgewählten Voreinstellung (später erklärt).

Dupliziert die ausgewählte Voreinstellung als neue eigene Voreinstellung

Suche nach Voreinstellungen

Erstellt neue eigene Voreinstellung

Entfernt ausgewählte eigene Voreinstellung (oder Ordner)

AIFF
Allgemeine Audioformate
Bildsequenz
DV-Stream
Dolby Digital Professional
Film exportieren
H.264 für Apple Geräte
H.264 für Blu-ray
MP3
MPEG-1
MPEG-2
MPEG-4
QuickTime Export-Komponenten
QuickTime Film

Informationen
Verschiedene verknüpfte Ansichten

Ausgewählter Ordner

Informationen

Name: Apple-Geräte
Beschreibung: 3 Voreinstellungen

Übersicht

3 Voreinstellungen:

Kompatibel mit Apple TV (2G), iPad und iPhone/iPod touch mit Retina-Display
Kompatibel mit Apple TV (1G), iPad und iPhone/iPod touch mit Retina-Display
Kompatibel mit allen iPods, Apple TV und iOS-Geräten

Ausgewählte Voreinstellung

Informationen

Name: iPhone HD
Beschreibung: Kompatibel mit App...h mit Retina-Display

Übersicht

Name: iPhone HD
Beschreibung: Kompatibel mit Apple TV (2G), iPad und iPhone/iPod touch mit Retina-Display
Suffix: m4v
Geschätzte Größe: 4.5 GB/Stunde der Quelle
Gerät: iPad/iPhone mit Retina-Display
Frame-Sync-Rate: Automatisch
Video-Codierer
  Breite und Höhe: Automatisch
  Pixel Seitenverhältnis: Standard
  Beschneiden: Ohne
  Padding: Ohne
  Bildrate: (100% des Originals)
  Frame-Steuerungen: Automatisch ausgewählt:
Aus
  Codec-Typ: H.264
  Mehrere Durchgänge: Ein, Frame neu
anordnen: Ein
  Pixel-Tiefe: 24
  Qualität (spatiale Komprimierung): 50
  Min. Qualität (spatiale Komprimierung): 50
  Temporäre Qualität: 50
  Min. Qualität (temporäre Komprimierung): 50
  Durchschnittliche Datenrate: 10 (MBit/s)
  Maximale Datenrate: 14 (MBit/s)

Zurücksetzen   Sichern

Voreinstellungen-Fenster

Voreinstellungen

Voreinstellungen Zielorte

Apple
10 Gruppen

Animierte Grafiken
4 Voreinstellungen

Apple-Geräte
3 Voreinstellungen

HD für Apple-Geräte (10 MBit/s)
Kompatibel mit Apple TV (2G), iPad und iPhone/iPod touch mit Retina-Display

HD für Apple-Geräte (5 MBit/s)
Kompatibel mit Apple TV (1G), iPad und iPhone/iPod touch mit Retina-Display

SD für Apple-Geräte
Kompatibel mit allen iPods, Apple TV und iOS-Geräten

Audioformate
6 Voreinstellungen

Brennen von Medien
3 Voreinstellungen

Freigabedienste für Video
5 Voreinstellungen

HTTP-Live-Streaming
7 Voreinstellungen

MPEG-Dateien
4 Voreinstellungen

Podcasting
3 Voreinstellungen

ProRes
4 Voreinstellungen

Unkomprimiert
2 Voreinstellungen

Apple Voreinstellungen

Eigene
1 Gruppe, 1 Voreinstellung

iPhone HD
Kompatibel mit Apple TV (2G), iPad und iPhone/iPod touch mit Retina-Display

Unterordner
1 Voreinstellung

MP3-Encoder
128k

Eigene Voreinstellungen

Verbundenes Informationen-Fenster

Die Konfiguration der Voreinstellungen wird nicht im Voreinstellungen-Fenster, sondern im damit verbundenen Informationen-Fenster gemacht. Wenn Sie eine Voreinstellung (oder einen Ordner) auswählen, zeigt das Informationen-Fenster die korrespondierenden Parameter an (**Doppelklick** auf die Voreinstellung öffnet das Informationen-Fenster). Jede Veränderung, die an den Parametern im Informationen-Fenster vorgenommen wird, wirkt sich sofort aus. Manche Parameter können nur gelesen werden. Die ursprüngliche Voreinstellung wird nicht überschrieben bis Sie sie gesichert haben oder als neue Voreinstellung abgelegt haben.

„Eigene"-Ordner
Voreinstellungen und Ordner können im „Eigene"-Ordner zum besseren Sortieren verschoben werden (die Struktur innerhalb der „Apple"-Ordner ist vorgegeben). Sie können die Ordner nicht direkt in der Liste umbenennen. Wie bei den Voreinstellungen ist es auch hier nötig, sie auszuwählen und den Namen und die Beschreibung im Informationen-Fenster einzugeben.

➡ Voreinstellungen-Datei

Jede Voreinstellung im Voreinstellungen-Fenster ist, unabhängig vom Zielort, eine Abbildung einer Datei auf der Festplatte. Es ist eine XML-Datei mit der Endung „..setting". Es gibt zwei Orte, wo diese Dateien gespeichert werden:

❶ Der Apple-Ordner enthält alle Standard-Einstellungen, die nicht verändert oder entfernt werden können (diese müssen erst dupliziert werden, bevor sie in eigene Voreinstellung umgewandelt werden können). Die Apple-Voreinstellungen sind im Paketinhalt des Programms versteckt, was wohl ein Hinweis darauf ist, dass man sie nicht herumschieben sollte.

❷ Der „Eigene"-Ordner enthält alle Einstellungen und verschachtelten Unterordner, die Sie erstellt haben. Sie sind im „Settings"-Ordner in der Library des Benutzers abgelegt und haben die gleiche Ordnerstruktur, die Sie im Voreinstellungen-Fenster in Compressor haben. Diese Dateien und Ordner können im Finder verschoben werden (siehe unten).

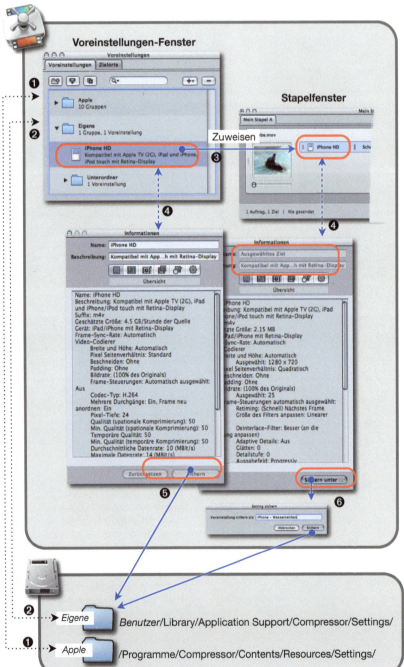

❸ Jede Voreinstellung im Voreinstellungen-Fenster ist eine Darstellung der eigentlichen Voreinstellungen-Datei. Wenn Sie diese Einstellung einem Ziel zuweisen, entsteht eine Kopie der Voreinstellung.

❹ Das zu verstehen ist wichtig, wenn Sie Parameter im Einstellungen-Fenster bearbeiten. Es besteht ein Unterschied zwischen Voreinstellungen aus dem Voreinstellungen-Fenster und Vorein-stellungen, die einem Ziel zugewiesen sind.

❺ Wenn Sie eine eigene Voreinstellung aus dem Voreinstellungen-Fenster auswählen, sind alle Parameter bearbeitbar. An der unteren Kante liegen zwei Tasten
• **Zurücksetzen**: Alle Werte, die zu der Voreinstellung gehören, werden zurück-gesetzt.
• **Sichern**: Die Voreinstellungen-Datei wird mit den Änderungen überschrieben.
Ein Dialogfenster weist beim Verlassen des Informationen-Fenster darauf hin, wenn Änderungen noch nicht gesichert worden sind.

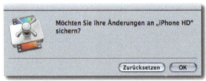

❻ Es verhält sich anders, wenn eine Voreinstellung eines Ziels ausgewählt ist.
• Der Name der Voreinstellung wird mit „Ausgewähltes Ziel" ersetzt.
• Die Felder „Name" und „Beschreibung" können nicht bearbeitet werden.
• An der unteren Kante des Fensters gibt es nur noch den **Sichern als...**-Befehl. Dadurch können Sie eine neue Voreinstellung basierend auf den vorliegenden Parametern erstellen, falls Sie diese für später sichern möchten. In einem jetzt erscheinenden Dialogfenster können Sie einen neuen Namen eingeben. Sie haben somit eine Kopie der Voreinstellung für das Ziel erstellt, die dem Voreinstellungen-Fenster hinzugefügt wird.

➡ Verschieben von Voreinstellungen

Hier ein weiterer Schritt, bevor wir uns die einzelnen Parameter einer Voreinstellung anschauen: Mit dem Verständnis von der Verbindung zwischen den aufgelisteten Voreinstellungen im Voreinstellungen-Fenster und ihren Verbindungen zu den entsprechenden Voreinstellungen-Dateien (.setting), schauen wir uns nun die Wege an, wie wir diese Dateien verschieben können.

🌑 Voreinstellungen zuweisen

Die erste Art des Bewegens ist die Zuweisung einer Voreinstellung zu einem Ziel. Das ist ein „One-Way"-Kopiervorgang der Voreinstellung zum Ziel. Für diese Aktion gibt es unterschiedliche Wege:

Menüauswahl:

▶ Wählen Sie ein oder mehrere Ziel(e) in einem Stapelfenster aus und wählen Sie im Hauptmenü *Ziel > Voreinstellung ändern....* Hierdurch gleitet ein Fenster heraus, das die gleichen Voreinstellungen beinhaltet wie das Voreinstellungen-Fenster. Auch ein Suchfeld ist hier vorhanden.

▶ Wählen Sie ein oder mehrere Ziel(e) in einem Stapelfenster aus und machen Sie einen Rechtsklick darauf, um aus dem Kontextmenü *Voreinstellung ändern...* auszuwählen. Das gleiche Fenster schiebt sich heraus.

▶ Im Kontextmenü finden Sie auch den Befehl "*Voreinstellung löschen*", um eine Voreinstellung von einem Ziel zu löschen.

Verschieben von Voreinstellungen

Sie können eine Voreinstellung aus dem Voreinstellungen-Fenster direkt auf ein Ziel schieben. Ebenso können Sie auch eine Voreinstellung aus dem Finder auf ein Ziel schieben. Es gibt drei Bereiche im Stapelfenster, auf die Voreinstellungen gezogen werden können:

▶ Schieben auf das Ziel: Weist die Voreinstellung dem Ziel zu.

▶ Schieben auf eine Aufgabe: Erstellt in dieser Aufgabe ein neues Ziel mit dieser Voreinstellung. Sie können sogar mehrere Voreinstellungen hineinschieben um mehrere neue Ziele auf einmal zu erstellen.

▶ Schieben auf einen Stapel: Erstellt eine leere Aufgabe mit einem Ziel, dem die Voreinstellung zugewiesen ist. Sie können auch hier mehrere Voreinstellungen hineinschieben um mehrere neue Ziele auf einmal zu erstellen.

Verschieben von Ordnern (Gruppen)

Wenn Ihr Workflow verlangt, dass das Kodieren zu unterschiedlichen Ausgabe-Format (High Res, Low Res, Streaming etc.) geschehen soll, können Sie all diese Voreinstellungen in einem Ordner gruppieren und diesen auf eine Aufgabe oder einen Stapel ziehen (nicht auf ein einzelnes Ziel). Hierbei wird für jede Voreinstellung aus dem Ordner ein eigenes Ziel erstellt.

Voreinstellungen verwalten

Die folgenden Aktionen und Befehle sind für die Voreinstellungen. Sie zeigen die Flexibilität von Compressor, wenn es darum geht, Ihre Voreinstellungen zu organisieren.

- Im Voreinstellungen-Fenster
  - ▶ Erstellen Sie neue Voreinstellungen (und gruppieren Sie sie in Ordnern)
  - ▶ Duplizieren Sie vorhandene Voreinstellungen
  - ▶ Verschieben Sie Voreinstellungen und Ordner

- Verschieben zwischen Voreinstellungen-Fenster und Finder
  - ▶ Sie können Voreinstellungen aus dem Voreinstellungen-Fenster in den Finder schieben. Hierdurch wird eine Voreinstellungen-Datei erstellt, die die Endung ".setting" trägt.
  - ▶ Sie können auch den umgekehrten Weg gehen und eine Voreinstellungen-Datei aus dem Finder in das Voreinstellungen-Fenster schieben. Sie können sie in den „Eigene"-Ordner oder einen darin befindlichen Unterordner schieben. Beachten Sie, dass Sie die Datei im Finder umbenennen können, sich dann aber der Name der Voreinstellung im Voreinstellungen-Fenster nicht! anpasst, da sie den in der XML-Datei eingebetteten Namen verwendet.

- Ort des „Eigene"-Ordners
  - ▶ Wie wir auf der vorherigen Seite gesehen haben, werden alle eigenen Einstellungen in einem bestimmten Ordner in der Library des Benutzers gespeichert. Sie können diese Dateien auf andere Rechner kopieren, um die Voreinstellungen auszutauschen.
  - ▶ Sie können die Voreinstellungen-Dateien und die verschachtelten Ordner in diesem bestimmten Settings-Ordner umsortieren (wenn Compressor NICHT läuft). Beim nächsten Mal, wenn Sie Compressor starten, wird die neue Datenstruktur im Voreinstellungen-Fenster angezeigt.

Voreinstellungen erkennen

Das ist eine wirklich tolle Funktion. Stellen Sie sich vor, dass jede Mediendatei ihren eigenen „Kodierungs-Fingerabdruck" trägt neben den Standard-Metadaten. Vielleicht haben Sie eine Videodatei (eine eigene oder von jemanden anderes), die sehr gut aussieht und eine kleine Dateigröße hat. Sie fragen sich, welche Parameter-Einstellungen für die Kodierung für diese bestimmte Datei verwendet wurden. Compressor kann es Ihnen sagen.

- ▸ Ziehen Sie die Datei aus dem Finder auf das Voreinstellungen-Fenster.
- ▸ Compressor erstellt eine Voreinstellung mit dem Namen „Unbenannt" und dem Namen der Mediendatei in der zweiten Zeile, der Beschreibung.
- ▸ Wählen Sie die Voreinstellung aus und das Informationen-Fenster zeigt alle Parameter, die es aus der Mediendatei erkennen konnte.

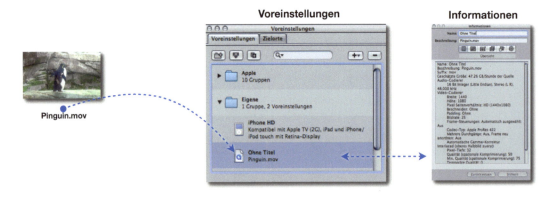

Einstellungen für die Bearbeitung

All die Parameter und Attribute einer Voreinstellung werden im Informationen-Fenster angezeigt und können hier bearbeitet werden. Ebenso können die Voreinstellungen als Voreinstellungen-Datei gespeichert werden. Achten sie darauf, ob Sie die Datei aus dem Voreinstellungen-Fenster oder aus einem Ziel eines Stapels geöffnet haben. Es gibt hier ein paar kleine Unterschiede.

▸ **Name**: Das ist der Name der Einstellung, den Sie eingeben können. Dieser Name wird in der Voreinstellungen-Liste fett angezeigt. Wenn die Informationen Voreinstellungen eines Ziels anzeigen, ist der Name ausgegraut (nicht bearbeitbar) und zeigt „Ausgewähltes Ziel" an.

▸ **Beschreibung**: Hier können Sie eine kurze Beschreibung für eine Voreinstellung eingeben. Dieser Eintrag wird als zweite Zeile einer Voreinstellung im Voreinstellungen-Fenster angezeigt. Bei einer Voreinstellung in einem Ziel ist die Beschreibung ebenfalls ausgegraut.

▸ **Tab-Auswahl**: Mit diesen sechs Tasten können Sie wählen, was im Hauptfenster darunter angezeigt werden soll. Das kleine Feld unter den Tasten zeigt den Namen der ausgewählten Tafel an.

▸ **Parameter-Tafeln**: In diesem Fensterbereich werden die Parameter und Attribute abhängig von der Auswahl des Tabs angezeigt.

▸ **Sichern-Tasten**: Entweder wird nur eine "*Sichern unter…*"-Taste angezeigt, wenn die Voreinstellung schon einem Ziel zugewiesen ist oder eine "*Zurücksetzen*" und eine "*Sichern*"-Taste, wenn die Voreinstellung aus dem Voreinstellungen-Fenster geöffnet wurde. Die Tasten sind nur aktiv, wenn tatsächlich Änderungen vorgenommen wurden.

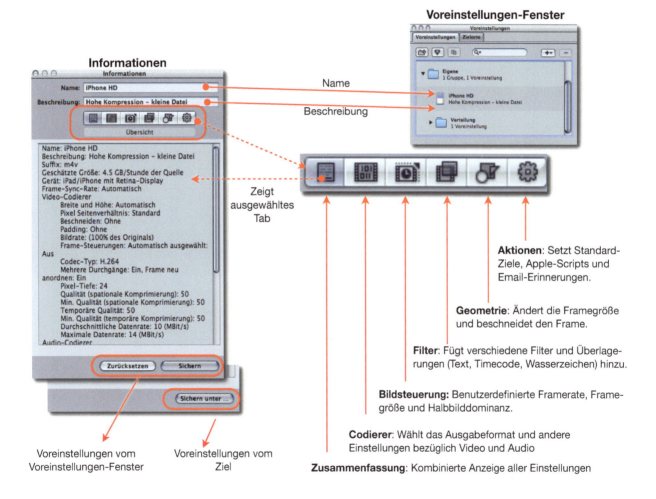

- Das Informationen-Fenster ist das einzige Fenster in Compressor, das nicht in seiner Größe verändert werden kann. Der Inhalt der verschiedenen Tabs wird in dem Bereich darunter angezeigt.

- Die vier Bereiche Codierer, Bildsteuerung, Filter und Geometrie sind irgendwie verbunden. Manche Einstellungen für eine bestimmte Kontrolle können einen Einfluss auf andere Bereiche haben.

- Der Bereich „Geometrie" ist, wie schon im vorherigen Kapitel besprochen, mit dem Vorschau-Fenster verbunden.

Der automatische Modus:

Für manche Parameter unterstützt Compressor einen automatischen Modus, der durch die Automatisch-Taste dargestellt wird ❶. Wenn sie aktiv ist, werden die besten Werte für dieses Element von Compressor automatisch festgelegt. In diesem Fall ist die Taste dunkler und das Popupmenü abgeblendet. Es zeigt den automatischen Wert an. Wenn jedoch dem Auftrag noch keine Quelldatei zugewiesen wurde oder das Informationen-Fenster eine Voreinstellung aus dem Voreinstellungen-Fenster darstellt, dann wird hier der Eintrag „Automatisch" angezeigt ❷.

 **Zusammenfassung**

Das Fenster „Zusammenfassung" kann nur gelesen werden und es kann hier keine Auswahl getroffen werden. Es zeigt alle Parameter-Konfigurationen an, die in den fünf Tabs vorgenommen wurden.

 **Codierer**

Der Codierer enthält die wichtigsten Einstellungen. Hier wird das Dateiformat festgelegt, das die kodierte Datei haben wird.

Das Popupmenü listet 14 unterschiedliche Datenformate auf. Jedes Datenformat verändert das Fenster und zeigt unterschiedliche Einstellungen für dieses spezielle Format an. Das offizielle Handbuch zu Compressor enthält detaillierte Informationen zu den Einstellungen für jedes dieser unterschiedlichen Formate.

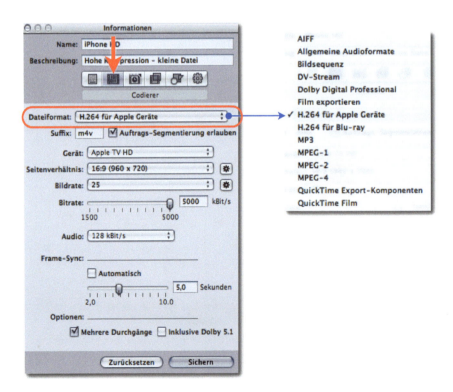

 **Bildsteuerung**

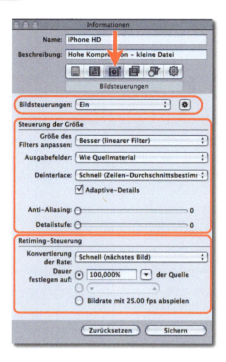

Der Bereich „Bildsteuerung" hat immer das gleiche Aussehen, unabhängig davon, welches Datenformat im Codierer-Fenster ausgewählt ist. Wenn jedoch die Einstellungen für die Bildsteuerung nicht auf ein bestimmtes Datenformat angewendet werden können, sind die Einstellungen abgeblendet und somit inaktiv. Der gesamte Bereich kann mit dem ersten Element Bildsteuerungen ein- oder ausgeschaltet werden.

Diese Steuerungen werden für eine fortgeschrittene Bildanalyse, die teure Hardwarekomponenten voraussetzt, benötigt, wie z.B.:

- Videostandard-Konvertierungen wie NTSC zu PAL
- Interlaced zu progressive Video
- Up-Converting und Down-Converting
- Telecine-Rückwandlung
- Slow-Motion Effekte

Die Auswirkung dieser Steuerungen kann nicht im Vorschaufenster dargestellt werden.

Das offizielle Compressor-Handbuch von Apple beinhaltet eine detaillierte Erklärung der einzelnen Einstellungen im Bereich „Bildsteuerung".

 Filter

Der Bereich „Filter" hat einige nützliche kleine Funktionen und Werkzeuge, die weiter gehen als die normale Anwendung von Filtern. Dies ist ein perfektes Beispiel dafür, wie das Informationen-Fenster in Verbindung mit dem Vorschaufenster benutzt werden kann, da man hier unmittelbar sehen kann, wie der Effekt aussehen wird. Sie können dann die Feineinstellungen vornehmen, bevor Sie den Kodierungsprozess starten.

Die Anordnung im Filter-Bereich ist in drei Sektionen aufgeteilt:

▸ ❶ Tabs: Video - Audio - Farbe
Das Tab bestimmt, welche speziellen Steuerungen angezeigt werden.

▸ ❷ Filterauswahl
Die verfügbaren Filter und Werkzeuge für das ausgewählte Tab werden aufgelistete und haben eine Checkbox, mit der Sie einzelne Filter ein- und ausschalten können.

▸ ❸ Der untere Bereich zeigt die Einstellungsmöglichkeiten für den ausgewählten Filter.

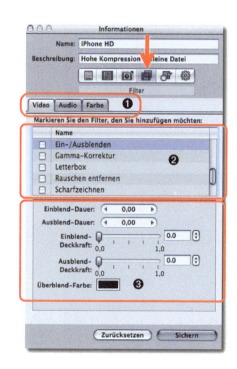

Ein paar Beispiele:

- Video ein- und ausblenden hinzufügen
- Text- oder Wasserzeichen-Überlagerungen hinzufügen
- Visuellen Timecode generieren
- Deinterlacing (Zeilensprung aufheben)
- Einfache Farbkorrekturen
- Audio-Kompression und/oder -Begrenzung, um die Lautstärke schnell zu verbessern.
- Audioverbesserungen mittels grafischem Equalizer
- Audio ein- und ausblenden hinzufügen

 **Geometrie**

Die vorherigen Fenster sind jeweils im offiziellen Handbuch genau erklärt beziehungsweise erklären sich von selbst, wenn sie damit ein wenig herumspielen. Das Geometrie-Fenster ist jedoch ein wenig schwieriger. Es sieht einfach aus, aber es gibt hier jede Menge Kleinigkeiten, die einen verwirren oder sogar ärgern können, da man mit falschen Vermutungen falsche Kodierungsergebnisse erzielt. Deshalb gehe ich etwas tiefer auf dieses Thema ein.

Für dieses Fenster ist es besser, wenn Sie das Vorschaufenster geöffnet haben, um eine visuelle Rückmeldung zu erhalten, wie sich die verschiedenen Einstellungen auf das Ausgabevideo auswirken. Einige der Begriffe habe ich schon im Kapitel „Vorschau" abgedeckt und werde darauf aufbauen.

Die wichtigste Taste im Vorschau-Fenster liegt in der oberen rechten Ecke, die „Framegrößen-Anzeige-Taste". Sie muss korrekt eingeschaltet sein, damit der Video-Vorschau-Rahmen die aktuelle Framegröße des zu kodierenden Videos zeigt. Beachten Sie, dass nicht alle Änderungen, die Sie im Geometrie-Fenster einstellen, in der Vorschau richtig angezeigt werden. Das kann an der falschen Darstellung der eigentlichen Daten liegen. Um das Vorschau-Fenster manuell zu aktualisieren, schalten Sie zwischen den beiden Tasten hin und her.

Das Geometrie-Fenster hat drei Bereiche:

❶ Original einsetzen (Beschneiden)

> Diese Einstellungen berühren den eigentlichen Inhalt des Videos. Sie setzen die Werte (oder den damit zusammenhängenden Beschneiden-Rahmen im Vorschau-Fenster), um einen Bereich des ursprünglichen Videoframes auszuschneiden. Ein Popupmenü („Auf") unterstützt ein paar Beschneiden-Voreinstellungen, die sich auf übliche Videostandards beziehen. Im Kapitel „Vorschau" bin ich darauf schon eingegangen.

❷ Abmessungen (Codierte Pixel)

> Obwohl als „Abmessungen" benannt, definiert dieser Bereich die tatsächliche Framegröße des Ausgabe-Videos. Diese Einstellung, angezeigt in Breite und Höhe, wird auch in der unteren linken Ecke des Vorschaufensters angezeigt, wenn die „Ausgabe-Framegröße" eingestellt ist (für Einzelheiten siehe vorheriges Kapitel). Der wichtige „Skalieren"-Vorgang kann leicht übersehen werden, denn er ist nicht in der Geometrie-Tafel aufgeführt. Compressor passt die ursprüngliche Framegröße (Quelldatei minus Beschneiden-Einstellung) an die neue Framegröße an, die hier ausgewählt ist. Verschiedene Pixelseitenverhältnisse können zu verzerrten Videos führen (siehe Beispiele im Kapitel „Vorschau")

❸ Ausgabebild anpassen (Padding)

> Anpassen erlaubt schwarze Balken an jeder Seite. Dabei ist es sehr wichtig, dass hier nicht die Framegröße des Ausgabevideos, die im vorherigen Bereich eingestellt wurde, verändert wird. Jedes Anpassen verkleinert den tatsächlichen Videoinhalt. Das Ergebnis könnte ein zusätzliches, nicht passendes Seitenverhältnis sein. Manche Einstellungen aus dem Popupmenü ermöglichen es, ein falsches Seitenverhältnis, das im vorherigen Skalierungsprozess entstanden ist, zu kompensieren.

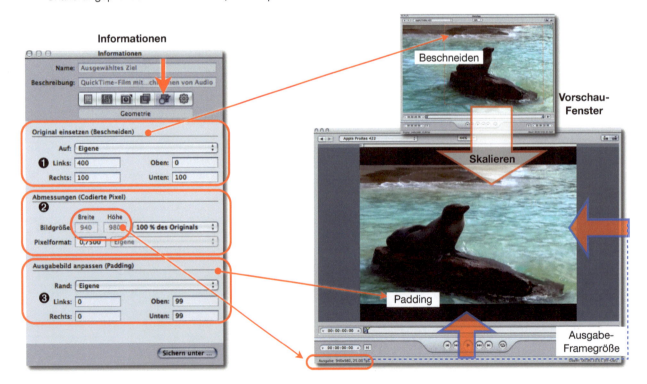

Hier ist ein Versuch, die unterschiedlichen Framegrößen-Einstellungen in einem Flussdiagramm darzustellen.

- Oben sehen Sie die ursprüngliche Framegröße der Quell-Mediendatei ❶.

- Diese Framegröße „füttert" das Geometrie-Fenster mit seinen drei Modulen Beschneiden, Abmessungen und Anpassen.

- Die roten Pfeile repräsentieren nicht den Signalfluss des Videosignals. Sie illustrieren die Framegrößen-Einstellungen (und die Einstellungen der Filter), welche die Größe und das Aussehen des Videosignals betreffen.

- Die blauen Rahmen repräsentieren das Vorschaufenster mit dem geteilten Bild (eine Einstellung ist im Vorschau-Stapel Popupmenü ausgewählt) ❷ und der rechte Teil zeigt das Ausgabe-Video ❸. Die zwei Vorschau-Rahmen links und rechts zeigen einen Frame im Vorschaufenster, aber ich habe sie zwecks besserer Erklärung geteilt.

- Die Pfeile, die von oben nach unten zum Vorschauframe zeigen, repräsentieren den Zustand, wenn die linke „Framegrößen-Ansicht-Taste ausgewählt ist (Quelle) ❹. Die Pfeile, die nach oben zum Vorschauframe zeigen, repräsentieren den Zustand, wenn die rechte Framegrößen-Ansicht-Taste ausgewählt ist (Einstellung) ❺.

- Das Beschneiden-Modul im Geometrie-Bereich ist mit dem Beschneiden-Rahmen in der Vorschau verbunden ❻. Sie können die Anpassungen in beiden Fenstern vornehmen.

- Der nicht sichtbare Teil im Geometriefenster ist die Skalierung. Denken Sie an eine Formel wie: "QuellFrameGröße" minus "Beschneiden" >>> (skaliert auf) AusgabeFrameGröße".

- Die Ausgabe (Framegröße) des Ausgabemoduls wird im linken Bereich der geteilten Ansicht kontrolliert (Quelle) ❼. Die Kontrolle des rechten Bereichs der geteilten Vorschau (Ausgabe) geht erst durch das Anpassen-Modul ❽.

- Alle Einstellungen, die im Filterfenster gemacht worden sind ❾ kann man im rechten Teil des Vorschaufensters (Ausgabe) sehen.

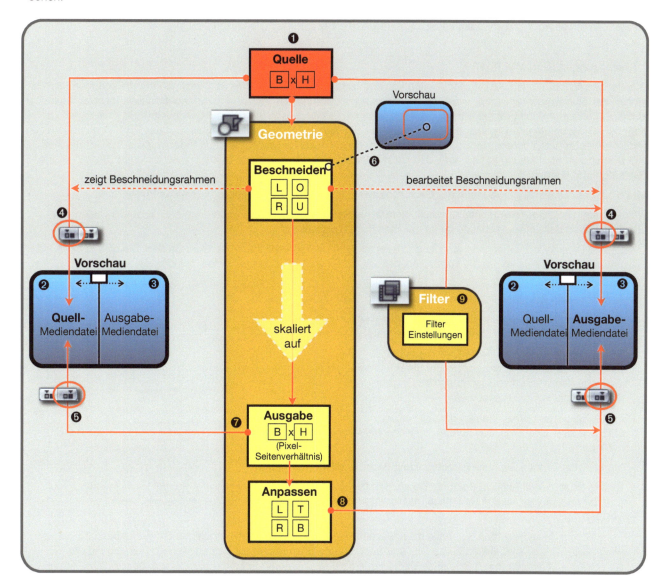

➡ Original einsetzen (Beschneiden)

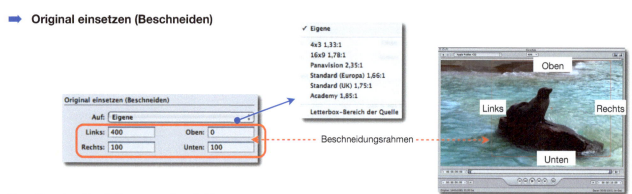

Das „Beschneiden"-Popupmenü enthält:

• Unter dem Menüpunkt „Eigene" können Sie manuell einen Pixel-Versatz für jede der vier Seiten des Frames eingeben. Nur, wenn „Eigene" ausgewählt ist, können Sie den Beschneidungsrahmen im Vorschaufenster (sichtbar, wenn die Framegrößenauswahl auf Quelle, linke Taste, gestellt ist), verschieben. Änderung der Werte in einem Fenster aktualisiert sie auch im anderen Fenster.

• Die anderen Punkte im Popupmenü unterstützen Anpassen-Einstellungen, die auf gängigen Videostandards und deren Seitenverhältnissen basieren. Der Beschneidungsrahmen wird so gesetzt, dass er die maximale Breite und Höhe der Framegröße der Quelle, abhängig vom Seitenverhältnis, nutzt. Die Einstellung „Letterbox-Bereich der Quelle" erkennt die schwarzen Balken in einem Letterbox-Bild und setzt den Beschneidungsrahmen automatisch, um sie abzuschneiden. Wenn Sie eine der vorgegebenen Einstellungen (nicht „Eigene") auswählen, wird die manuelle Anpassung mit den Griffen des Beschneidungsrahmens im Vorschaufenster unterdrückt. Die vier Eingabefelder für die Werte zeigen den Beschnitt. Sie sind jedoch ausgegraut und erlauben keine Änderung, außer Sie schalten wieder um auf „Eigene".

➡ Abmessungen (Codierte Pixel)

Im Kapitel „Vorschau" bin ich auf die Einzelheiten von Framegröße, Seitenverhältnis und dazugehörigen Fachbegriffen eingegangen. Nun werden wir mit dem Begriff „Abmessungen" ❷ im Informationen-Fenster konfrontiert. Technisch gesehen sind die Abmessungen das Gleiche wie die Framegröße eines Videos. Beide werden mit den Werten „Breite x Höhe" angegeben. Die Einheiten für Breite und Höhe sind Pixel. Das manchmal übersehene Detail ist, dass Pixel in verschiedenen Standard-Videoformaten unterschiedliche Formen haben können. Das bedeutet, dass ein Videoframe mit quadratischen Pixeln eine andere Abmessung hat als ein Video mit rechteckigen Pixeln, nur, dass beide mit der gleichen „Breite x Höhe"-Größe aufgeführt werden.

Deshalb hat der Abmessungen-Bereich der Geometrie zwei Einstellungen: Die Bildgröße und das Pixelformat.

▸ Pixelformat: Das Popupmenü unterstützt alle unterschiedlichen Arten von Standards, um daraus auszuwählen. Für digitales Video auf Computermonitoren ist der Standard „Quadratisch".

▸ Bildgröße: Dieses Popupmenü hat eine lange Liste mit allen unterschiedlichen Arten von Größen. Sie sind in Gruppen zusammengefasst. Was immer Sie auswählen, dessen Größe wird in den zwei Feldern links davon angezeigt:

• Automatisch: Compressor wählt den besten Wert.

• Feste Prozentwerte: Wählen Sie zwischen der vollen, halben oder einem Viertel der Größe der Quelldatei aus.

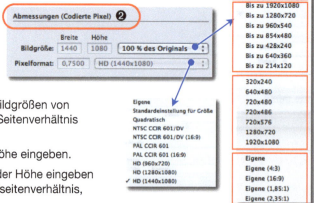

• Bis zu maximaler Größe: Das Wählen einer dieser Bildgrößen stellt sicher, dass entweder die Breite oder die Höhe den Wert unter Beachtung des Original-Seitenverhältnisses nicht überschreitet.

• Festes Seitenverhältnis: Wählen Sie aus sieben üblichen Bildgrößen von 320x240 bis 1920x1080. Das könnte möglicherweise das Seitenverhältnis verändern.

• Eigene: Hier können Sie ohne Einschränkung Breite und Höhe eingeben.

• Eigene (plus festem Seitenverhältnis): Sie können Breite oder Höhe eingeben und der andere Wert wird automatisch, passend zum Pixelseitenverhältnis, gesetzt.

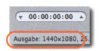

Bitte beachten Sie, dass die angezeigten Werte meistens der endgültigen Bildgröße der Ausgabedatei entsprechen, aber es gibt auch Ausnahmen mit bestimmten Kombinationen der Einstellungen. Der exakte Wert wird in der linken unteren Ecke der Vorschau angezeigt. Das ist die tatsächliche Pixelabmessung des Frames. Wieviel des Bildes zu sehen ist, hängt von den Anpassen-Einstellungen ab.

➡ Ausgabebild anpassen (Padding)

Hiermit ist der unausgefüllte Bereich in Form von schwarzen Balken gemeint. Das geschieht, wenn die Bildgröße des Videos (des tatsächlichen Inhalts) geringer ist als die Bildgröße der letztendlichen Ausgabe-Videodatei.

Dieser Bereich hat ein Popupmenü und vier Eingabefelder für den Anpassen-Wert für jede Seite des Bildes. Das Wichtigste ist, dass Sie wissen, dass sich die Größe des Ausgabevideos nicht ändern wird, nur die Größe und Form des sichtbaren Videobildes. Wenn das Videobild identisch mit der Größe des Frames ist, gibt es hier keine Anpassung. Jeder Anpassen-Wert würde das Videobild verkleinern. Die Frage ist, ob das Videobild sein Seitenverhältnis beibehält oder gestaucht bzw. gezerrt durch die verzerrte Ansicht des Videobildes dargestellt wird.

▶ *Eigene*: Mit dieser Auswahl können Sie den Anpassen-Wert für jede der vier Seiten frei eingeben.

▶ *Seitenverhältnis der Quelle beibehalten*: Dies ist eine sehr hilfreiche Einstellung, welche die Probleme mit einem eventuell falsch zugewiesenen Seitenverhältnis, das durch vorherige Einstellungen im Geometriefenster entstanden ist, behebt. Wir haben schon gesehen, dass die Skalierung ein Schlüsselelement in den Geometrie-Einstellungen ist. Welche Beschneiden- und Skalieren-Einstellungen auch immer Sie für die Ausgabe wählen, wird die ursprüngliche Bildgröße der Quelldatei unabhängig vom Seitenverhältnis skaliert. Ein häufig auftretender, meist ungewollter Nebeneffekt ist ein gestauchtes oder gezerrtes Videobild. Der „Seitenverhältnis der Quelle"-Befehl verkleinert das Videobild auf den Wert, der die Framegröße am ehesten ausfüllt. Leerraum wird mit entsprechenden schwarzen Balken aufgefüllt, um die eigentliche Framegröße für die Ausgabedatei zu erhalten.

▶ *Verschiedene Videostandards*: Hier wird die Größe des Videobildes in das Seitenverhältnis verschiedener Videostandards gezwungen, was dazu führen kann, dass das Bild gestaucht oder gezerrt ist, wenn das Seitenverhältnis der Quell-Mediendatei anders ist. Schwarze Balken werden hinzugefügt, um die eigentliche Größe der Ausgabedatei beizubehalten.

Aktionen

Der Bereich „Aktionen" hat zwei Einstellungen:

• **E-mail Benachrichtigung an**: Dies ist eine Aktion nach der Kodierung. Sie legt fest, was nach dem Kodierungsprozess geschehen soll. In diesem Fall wird eine Email an die Adresse gesendet, die Sie in das Feld eintragen.
(Allerdings funktioniert das leider nicht, da es in den Einstellungen von Compressor keine Möglichkeit gibt, ein Passwort einzugeben. Anm. d. Übers.)

• **Standardziel**: Diese Funktion habe ich schon im Zusammenhang mit dem Zielorte-Fenster im Kapitel über Zielorte erläutert. Aus dem Popupmenü können Sie auswählen, welcher Zielort einem Ziel automatisch zugewiesen werden soll, wenn die Einstellung ausgewählt wurde.

Verlauf - Share Monitor

Verlauf-Fenster

Das Verlauf-Fenster ist nicht mit einem anderen Fenster verbunden. Sie können es aus dem Fenster-Menü öffnen oder die Taste „Verlauf" in der Werkzeugleiste eines Stapelfensters dazu nutzen. Das Verlauf-Fenster öffnet sich automatisch, wenn Sie einen Stapel senden. Es enthält folgende Funktionen:

- Beobachten eines Fortschrittsbalkens, der den laufenden Kodierungsprozess darstellt (verbleibende Zeit).
- Anhalten des laufenden Kodierungsprozesses.
- Darstellung von Informationen des gesendeten Stapels.
- Darstellung von Informationen vorher gesendeter Stapel.
- Lokalisieren von Ausgabe-Mediendateien.
- Erneutes Senden eines Stapels durch dessen Verschieben aus dem Verlauf-Fenster in das Stapel-Fenster

Verlauf-Fenster

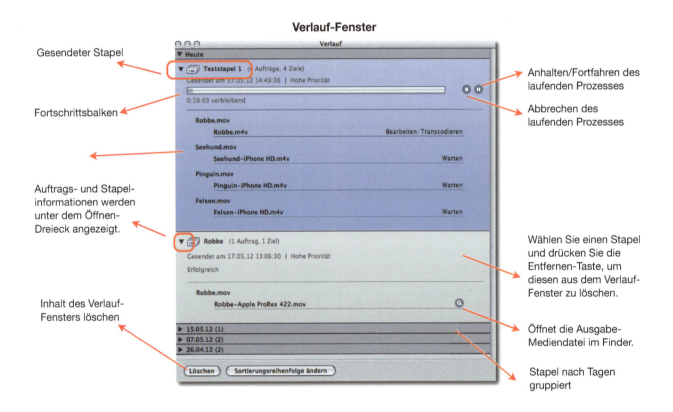

Gesendeter Stapel

Fortschrittsbalken

Auftrags- und Stapel-
informationen werden
unter dem Öffnen-
Dreieck angezeigt.

Inhalt des Verlauf-
Fensters löschen

Anhalten/Fortfahren des
laufenden Prozesses

Abbrechen des
laufenden Prozesses

Wählen Sie einen Stapel
und drücken Sie die
Entfernen-Taste, um
diesen aus dem Verlauf-
Fenster zu löschen.

Öffnet die Ausgabe-
Mediendatei im Finder.

Stapel nach Tagen
gruppiert

Share Monitor

Obwohl das Share Monitor-Fenster ähnliche Funktionen wie das Verlauf-Fenster beinhaltet, ist es kein weiteres Fenster von Compressor, sondern ein eigenes Programm. Wie ein Drucker-Dienstprogramm, das alle Druckaufträge aus verschiedenen Programmen und sogar unterschiedlichen Computern in einem Netzwerk auflistet, zeigt der Share Monitor laufende Aufträge von Final Cut Pro, Motion, Compressor, Apple QMaster und Apple QAdministrator an, die sogar von anderen Computern gesendet sein können.

Anders als beim Verlauf-Fenster zeigt der Share Monitor erledigte Stapelprozesse nicht mehr an, nachdem er oder Compressor beendet wurden. Es ist also nicht möglich, einen Stapel aus dem Share Monitor für eine erneute Bearbeitung zurück in das Stapelfenster zu ziehen.

Es gibt zwei Wege, um den Share Monitor aus Compressor heraus zu öffnen:

- Klicken Sie die Taste in der Werkzeugleiste eines Stapelfensters (wenn sichtbar).
- Lassen Sie ihn sich automatisch öffnen, wenn Sie einen Stapel senden. Dieses Verhalten kann in den Einstellungen von Compressor mit der Checkbox "*Automatisch Share Monitor starten*" aktiviert werden

Ansicht:
- Alle Prozesse ausklappen
- Alle Prozesse einklappen
- Sortierreihenfolge: Erstes oder Letztes oben

Zeigt nur eigene (Ich) Stapel oder von allen Nutzern (Alle) an.

Anzeige:
- Alle: Aktive und erledigte Stapel
- Nur aktive Stapel
- Nur erledigte Stapel

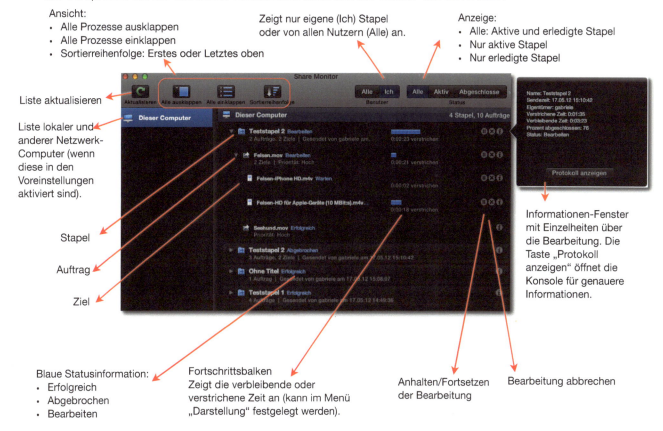

Liste aktualisieren

Liste lokaler und anderer Netzwerk-Computer (wenn diese in den Voreinstellungen aktiviert sind).

Stapel

Auftrag

Ziel

Informationen-Fenster mit Einzelheiten über die Bearbeitung. Die Taste „Protokoll anzeigen" öffnet die Konsole für genauere Informationen.

Blaue Statusinformation:
- Erfolgreich
- Abgebrochen
- Bearbeiten

Fortschrittsbalken
Zeigt die verbleibende oder verstrichene Zeit an (kann im Menü „Darstellung" festgelegt werden).

Anhalten/Fortsetzen der Bearbeitung

Bearbeitung abbrechen

Das Einstellungen-Fenster hat folgende Einstellungen für:

☑ **Ansicht**: Anzeigen von Aufträgen, Zielen, Segmenten

☑ **Netzwerkoptionen**: Hinzufügen weiterer Netzwerk-computer, die in der Liste für die Beobachtung dargestellt werden sollen. Diese Liste korrespondiert mit den Netzwerkeinstellungen im Compressor.

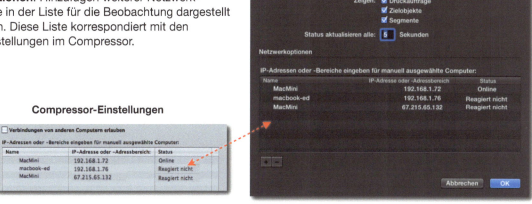

Share Monitor-Einstellungen

Compressor-Einstellungen

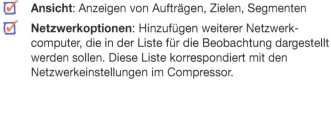

Senden

Wir haben so ziemlich alle Aspekte der Kodierungs-Einstellungen ausführlich bis zum eigentlichen Schritt des Sendens aus dem Stapelfenster besprochen. Die Senden-Taste startet den Vorgang nicht sofort. Wenn wir genauer hinsehen, erkennen wir, dass es eine „Senden…"-Taste ist. Die drei Punkte weisen darauf hin, dass ein weiteres Einstellungen-Fenster folgen wird, ein Fenster, das aus dem Stapelfenster herausgleiten wird.

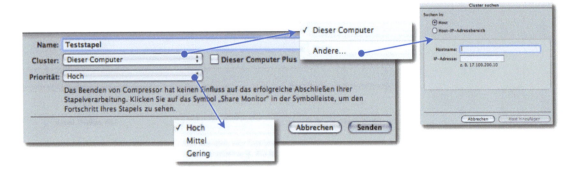

Hier gibt es vier Einstellungen, die geklärt werden müssen, bevor die Senden-Taste erneut gedrückt wird. Hier hat die Senden-Taste keine Punkte mehr, was bedeutet, das dies die letzte Aktion ist, die den Kodierungsprozess startet.

Danach ist Compressor nicht mehr involviert und Sie können das Programm schließen. Compressor ist, technisch gesehen, nur ein Konfigurations-Programm, wo Sie alles machen können, um die Dateien für die passende Kodierung vorzubereiten. Der eigentliche Kodierungsvorgang wird durch Hintergrundprozesse dieses Rechners oder mehrerer als Cluster zusammengefassten Rechner abgewickelt. Im letzten Kapitel über Rendering erfahren Sie mehr darüber.

Hier sind die letzten Einstellungen:

▸ Name:

Das meint nicht den Stapelnamen. Es handelt sich hier um einen neuen Namen, um den zu bearbeitenden Auftrag besser identifizieren zu können. Wenn sich das Fenster öffnet, ist sein Name „Ohne Titel". Sie brauchen nur einen Namen zu vergeben, wenn Sie viele verschiedene Kodierungsprozesse zu erledigen haben und diese im Verlauf-Fenster oder im Share-Monitor später besser identifizieren wollen.

▸ Cluster

In diesem Popupmenü entscheiden Sie, „wer" den Stapel abarbeiten soll:

- **Dieser Computer**: Nur der lokale Computer macht die Bearbeitung
- *Ein Cluster*: Dies ist ein zusätzlicher Auswahlpunkt. Nur, wenn ein Computer-Cluster als Teil von Apple Qmaster konfiguriert ist, wird dieser Punkt aufgeführt und Sie können diesen Cluster auswählen, um die Bearbeitung vorzunehmen.
- **Andere…:** Im folgenden Fenster können Sie per Name oder IP-Adresse einen Cluster suchen, falls dieser in der Liste nicht angezeigt wird.

▸ Dieser Computer Plus

Mit dieser Checkbox können Sie einen QuickCluster erstellen, der nicht viel Wissen über das verteilte Netzwerk voraussetzt. Wenn angehakt, sucht Compressor im Netzwerk, ob es hier andere Computer gibt, die so konfiguriert sind, dass sie Renderaufgaben akzeptieren. Weitere Details dazu im nächsten Kapitel.

▸ Priorität

Sie können zwischen Hoch - Mittel - Gering auswählen. Die Standardeinstellung ist *Hoch* und Sie brauchen den Level nur zu ändern, wenn Sie viele Kodierungsprozesse in einer Warteschleife haben und Prioritäten vergeben möchten.

Informationen

Das Informationen-Fenster habe ich schon im Kapitel über Einstellungen und Zielorte erklärt. Dies ist eine Zusammenfassung mit ein paar kleinen zusätzlichen Informationen.

Das Informationen-Fenster kann mit drei verschiedenen Fenstern verbunden werden, um Daten des ausgewählten Objektes in diesem Fenster anzuzeigen.

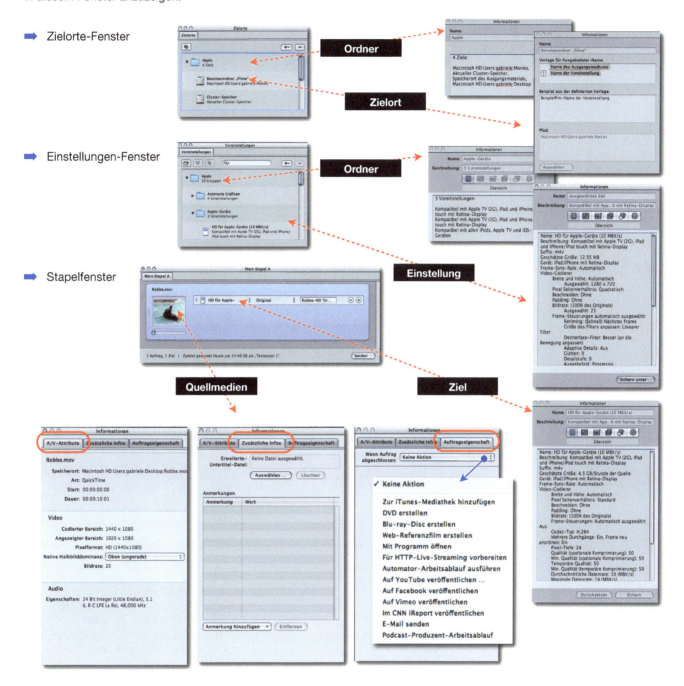

Wenn eine Quell-Mediendatei innerhalb eines Auftrags ausgewählt ist, zeigt das Informationen-Fenster drei Tabs:

- **A/V Attribute**: Anzeige der Audio- und Videoattribute der ausgewählten Datei. Das Fenster und die verfügbaren Attribute sind abhängig von den drei Mediendatei-Arten: Mediendatei, Surround Sound Gruppe, Bildsequenz.

- **Zusätzliche Infos**: Informationen für erweiterte Untertitel und Anmerkungen

- **Auftragseigenschaft**: Aus diesem Popupmenü können Sie verschiedene Aktionen auswählen, die bestimmen, was geschehen soll, wenn der Kodierungsauftrag erledigt ist. Das Fenster enthält, abhängig von der ausgewählten Aktion, zusätzliche Einstellungen.

Übergabe aus Final Cut Pro X

Wie ich schon zuvor erwähnt hatte, ist Compressor seit der Veröffentlichung von FCPx wichtiger geworden. Hier ein paar Gründe:

- Einige Funktionen sind im neuen FCPx verschwunden und benötigen jetzt den Einsatz von Compressor (Kapitelmarker, Export eines Teiles eines Projekts etc.)
- Bestimmte Exportformate und Einstellungen sind in FCPx nicht verfügbar.
- "Outsourcing" des Exports zu Compressor erlaubt mehr Flexibilität.
- Compressor unterstützt die Integration von Clustern und Netzwerk-Rendering.

Hier sehen Sie drei Wege, um ein Projekt von FCPx an Compressor zu übergeben. Sie sind alle im Menü „Bereitstellen" in FCPx aufgelistet.

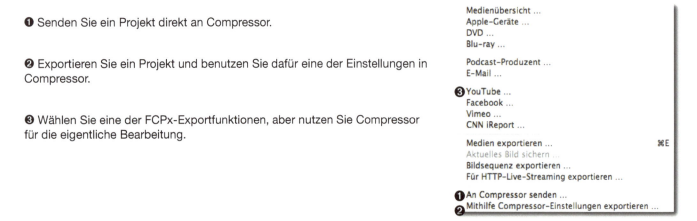

❶ Senden Sie ein Projekt direkt an Compressor.

❷ Exportieren Sie ein Projekt und benutzen Sie dafür eine der Einstellungen in Compressor.

❸ Wählen Sie eine der FCPx-Exportfunktionen, aber nutzen Sie Compressor für die eigentliche Bearbeitung.

Schauen wir uns die Einzelheiten der drei Vorgänge genauer an:

➡ **An Compressor senden...**

Dieser Vorgang setzt drei einfache Schritte in FCPx voraus. Danach können Sie die Einstellungen in Compressor vornehmen.

Schritt 3
Dieser Befehl öffnet den Compressor mit einem neuen Stapel „Ohne Titel" und einen Auftrag. Der Auftrag hat den Namen des Projektes und das Symbol zeigt das FCPx-Logo.

Schritt 2:
Wählen Sie aus dem Hauptmenü
Bereitstellen > An Compressor senden...

Schritt 1:
Wählen Sie ein Projekt in FCPx aus.

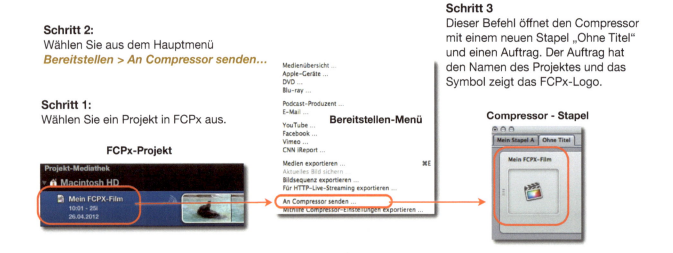

➡ Mithilfe Compressor-Einstellungen exportieren...

Mit dem vorherigen „An Compressor senden..."-Befehl wird das Programm Compressor geöffnet. Hier fahren Sie fort und nehmen die weiteren Schritte für die endgültige Codierung vor. Wenn Sie jedoch Ihre eigenen Compressor-Einstellungen oder Standard Compressor-Einstellungen verwenden wollen, können Sie das ohne den Compressor erledigen. FCPx hat Zugriff auf alle Compressor-Einstellungen und kann sie für den Export verwenden. Wie wir im Kapitel „Einstellungen" gesehen haben, sind die Einstellungen nur XML-Dateien in einem bestimmten Compressor-Verzeichnis. FCPx „weiß", wo sie abgelegt sind und „borgt" sie sich für seinen eigenen Exportvorgang aus. Hier die einzelnen Schritte:

‣ Wählen Sie aus dem Hauptmenü *Bereitstellen > Mithilfe Compressor-Einstellungen exportieren...*

‣ Ein Konfigurationsfenster öffnet sich:

☑ Sie können das Vorschauvideo hier überfliegen.

☑ Sie können nach bestimmten Einstellungen suchen.

☑ Wählen Sie eine Einstellung. Die Übersicht zeigt die Eigenschaften der Ausgabe-Mediendatei an.

☑ Wählen Sie das Erweitert-Tab und wählen Sie unter folgenden Optionen:

  • Rendern im Hintergrund: Auswahl **Ohne**.
    Nun klicken Sie auf *Weiter*, um FCPx den Export mit den ausgewählten Einstellungen als Vordergrundprozess vornehmen zu lassen.

  • Rendern im Hintergrund: Auswahl **Dieser Computer**.
    Klicken Sie jetzt auf *Weiter*, um den lokalen Computer den Export mit den gewählten Einstellungen als Hintergrundprozess vornehmen zu lassen.

  • Rendern im Hintergrund: Auswahl **Dieser Computer Plus**:
    Hier Sie auf *Weiter*, um den lokalen Computer und verfügbare Rendercomputer den Export mit den gewählten Einstellungen als Hintergrundprozess vornehmen zu lassen.

  • Klicken Sie die *An Compressor senden* -Taste:
    Das ist der gleiche Befehl wie im Bereitstellen-Menü mit dem Vorteil, dass in Compressor dem neu erstellten Stapel mit seinem Auftrag die ausgewählten Einstellungen sofort zugewiesen werden.

➡ Nutzen des FCPx-Exports mit erweiterten Optionen

Wenn Sie andere Exportoptionen im Bereitstellen-Menü von FCPx auswählen, öffnet sich ein Konfigurationsfenster mit unterschiedlichen Parametern. Alle Fenster mit den Ausnahmen „Medien exportieren..." und „Aktuelles Bild sichern..." haben die gleiche „Erweitert"-Taste, die wir schon im Einstellungen-Fenster für „Mithilfe Compressor-Einstellungen exportieren..." gesehen haben.

Hier gibt es drei unterschiedliche Szenarien:

▶ Rendern im Hintergrund: **Ohne**
  FCPx erledigt die Bearbeitung im Vordergrund. Das bedeutet, dass Sie warten müssen, bis der Export abgeschlossen ist, bevor Sie Ihre Arbeit in FCPx fortsetzen können.

▶ Rendern im Hintergrund: **Dieser Computer** oder **Dieser Computer Plus**
  Wenn Sie eine dieser beiden Optionen auswählen, wird der Export entweder auf dem lokalen Computer oder auf dem lokalen Computer und allen verfügbaren Computern, die für das gemeinsame Rendern konfiguriert sind, im Hintergrund erledigt.

▶ An Compressor senden
  Hiermit wird Compressor mit einem neuen Stapel und dem FCPx-Projekt als neuer Auftrag geöffnet. Die ausgewählte Exportoption im Bereitstellen-Menü von FCPx wird zur Einstellung. Der Vorteil liegt darin, dass Sie Feineinstellungen an den Exportoptionen vornehmen können und Parameter dafür nutzen können, die im FCPx-Exportfenster nicht zur Verfügung stehen.

Droplets

Wenn Sie viel mit den gleichen Einstellungen kodieren, ist ein Droplet eine sehr praktische Funktion.

➡ Droplet erstellen

- Wählen Sie aus dem Hauptmenü *Datei > Droplet erstellen...* Dadurch wird ein bestimmter Datei-Auswahl-Dialog geöffnet.
- Setzen Sie die vier Parameter:
  - ☑ Name des Droplets
  - ☑ Speicherort für das Droplet im Finder
  - ☑ Einstellung auswählen
  - ☑ Zielort auswählen
- Klicken Sie *Sichern*. Das erstellt das Droplet. Beachten Sie, dass das Droplet eigentlich ein kleines unabhängiges Programm ist und nicht nur eine Einstellungs-Datei. Es hat nichts mehr mit dem Compressor zu tun.

Von nun an ziehen Sie die Quell-Mediendateien im Finder direkt auf das Droplet, um sie, basierend auf dessen Konfiguration, zu kodieren. Sie brauchen Compressor nicht zu öffnen, da das Kodieren durch Hintergrundprozesse und nicht von Compressor selbst erledigt wird (Sie können sie in der Aktivitätsanzeige sehen, wenn Sie nach „compressord" suchen).
Ebenso ist es möglich, Droplets mit anderen Nutzern und anderen Rechnern auszutauschen.

Sichern-Fenster

➡ Droplet anpassen

Die Bearbeitung von Droplets ist ein wenig unkonventionell

Doppelklick auf ein Droplet öffnet das Droplet-Programm mit einem Fenster, das die Anweisungen für dieses Droplet enthält.

Um ein anderes Droplet zu erstellen, müssen Sie das Droplet-Programm beenden oder das Fenster schließen, wodurch das Programm beendet wird. Jetzt können Sie auf ein anderes Droplet doppelklicken um das Programm erneut zu starten, nun aber mit diesen Anweisungen:

Im Droplet-Fenster können Sie Folgendes tun:

- Sie können die vorgegebenen Einstellungen und Zielorte ändern, ohne ein neues Droplet zu erstellen. Änderungen müssen nicht gesichert werden. Beim Schließen des Programms wird die letzte Einstellung übernommen.
- Sie können zusätzliche Ziele hinzufügen (der ursprüngliche Befehl erlaubt nur ein Ziel).
- Sie können eine oder mehrere Quell-Mediendatei(en) hinzufügen und den gesamten Stapel senden. Jede Quelldatei steht für einen Auftrag, dem alle Ziele auf der rechten Seite zugewiesen sind.
- Mit den Plus- und Minustasten können Sie Ziele hinzufügen oder löschen. Jedes Ziel kann seine eigenen Einstellungen und Dateinamen-Vorgaben haben. Die einzige Beschränkung liegt darin, dass Sie nur einen Zielort für das gesamte Droplet festlegen können.

Droplet-Fenster

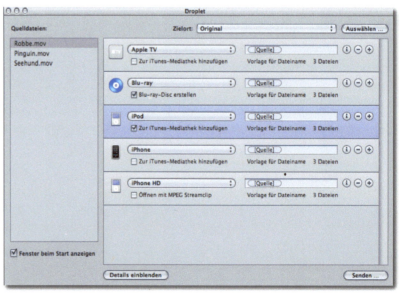

- Die "i"-Taste zeigt weitere Informationen über die Einstellungen und die Taste „Details einblenden" lässt eine Schublade herausfahren, in der zusätzliche Konfigurationen für die ausgewählte Voreinstellung liegen.

Einstellungen

Hier sehen Sie all die Voreinstellungen im Einstellungen-Fenster. Manche davon habe ich schon in vorherigen Kapiteln erläutert.

E-Mail-Benachrichtigung:
Compressor kann Ihnen eine E-Mail schicken und Sie benachrichtigen, wenn ein Kodierungsvorgang fertiggestellt ist. Das ist besonders nützlich, wenn Sie umfangreiche Kodierungen und größere Stapel haben oder Sie wollen Ihre Kunden so schnell wie möglich benachrichtigen, sobald die Datei fertig ist. Geben Sie die E-Mail-Adresse und die SMTP-Domain für den ausgehenden Mailserver ein. Sie können mehrere, durch Kommas getrennte E-Mail-Adressen eingeben.

Share Monitor automatisch starten
Wenn das ausgewählt ist, startet das Share Monitor-Programm zum Beobachten des Vorgangs automatisch, wenn Sie einen Stapel senden.

Auftragsminiaturen anzeigen
Compressor aktiviert diese Checkbox beim Starten, auch wenn sie vorher ausgeschaltet war. Ein Vorschaubild der Quell-Mediendatei erscheint sogar dann im Auftragsbereich, wenn es ausgeschaltet ist. (Fehler oder überholte Checkbox?)

Verschiedene Cluster-Einstellungen
Lesen Sie im letzten Kapitel die Details über Rendering nach.

Standardeinstellung / Standardziel
Aus diesen Popupmenüs können Sie eine Einstellung auswählen, die für neue Stapel verwendet wird, ohne dass Sie die Einstellungen und Zielorte jeweils einzeln festlegen müssen.

Auswahl der Stapelvorlagen
Wenn Sie Compressor das erste Mal starten, erscheint eine Vorlagenauswahl für den Stapel. Das Fenster hat links unten eine Checkbox, wo Sie „Diesen Dialog nicht erneut anzeigen" anhaken können. Hierdurch wird die dazugehörige Taste „Leere Vorlage verwenden" in den Compressor-Einstellungen aktiviert. Die Auswahl für die Stapelvorlagen kann in den Einstellungen mit „Vorlagenauswahl einblenden" wieder aktiviert werden.

Share Monitor
Es ist zwar nicht klar ersichtlich, aber dieser Bereich bezieht sich auf den Share Monitor. Die Checkbox erlaubt, dass Bearbeitungen auf anderen Computern im lokalen Share Monitor angezeigt werden. In der Tafel können Sie die Computer, die Sie in Ihrem Netzwerk beobachten möchten, hinzufügen.

Dolby Digital

Dolby Digital ist ein spezielles Audioformat, das manchmal auch AC-3 genannt wird. Es ist codiert und setzt einen dazugehörigen Dolby Digital-Decoder für die Wiedergabe voraus. Das Format unterstützt komprimierten Multikanal-Surround-Sound, der hauptsächlich für DVDs, Blu-Rays und auch im Kino genutzt wird. Sie sind aber nicht auf die DVD oder Blu-Ray beschränkt, um dieses Format zu nutzen. Ebenso können Sie einen Quicktime-Film mit eingebettetem Ton in Dolby Digital-Surround erstellen.

Decoder

Das mp3-Format ist ebenfalls ein gängiges Audioformat, das einen Decoder benötigt. Typische mp3-Decoder sind in den meisten Computerprogrammen, die etwas mit Ton zu tun haben, eingebettet. Dolby Digital-Decoder sind in nahezu alle DVD- und Blu-Ray-Player eingebaut. Allerdings sind sie in Computerprogrammen nicht üblich. Sie können zum Beispiel keine AC-3-Dateien in iTunes abspielen. Hierdurch entsteht ein Problem, wenn Sie Audio-Aufträge in das Dolby Digital-Format umwandeln möchten. Sie müssen dann erst eine Disk brennen und können sie dann mit Ihrem Player, der den Dolby Digital-Decoder enthält und an ein Surround Sound-System angeschlossen ist, anhören.

Eine andere Option ist das Abspielen der AC-3-Datei (oder der Quicktime-Datei mit Dolby Digital) durch den optischen Ausgang Ihres Macs, der mit einem externen Dolby Digital-Decoder verbunden ist (siehe Illustration unten).

Aber hier gibt es eine einfachere Lösung

> Compressor4 hat einen eingebauten Dolby Digital-Decoder.

Dadurch haben Sie die Möglichkeit, zwei Dinge zu tun:

▶ **Vorschau einer AC-3-Datei**

Wählen Sie eine AC-3-Datei als Quell-Mediendatei in einem Auftrag aus und spielen Sie sie mit der Steuerung in der Vorschau ab.

▶ **Konvertieren einer AC-3-Datei**

Wählen Sie eine AC-3-Datei als Quell-Mediendatei in einem Auftrag aus und wandeln Sie sie in ein anderes Audioformat um. Wenn Sie z.B. eine Quicktime-Datei haben, die als AC-3 kodiert ist, und Sie benötigen ein einfaches AIFF oder mp3-Format aus Gründen der Wiedergabe-Kompatibilität, ist das sehr hilfreich.

Wiedergabe des AC3-Formats

Beachten Sie: AC-3 ist ein Multikanal-Audioformat. Das bedeutet, dass es mehr als zwei Audiokanäle enthalten kann. Sie müssen beachten, dass Compressor zwar diese AC-3-Dateien decodieren kann, aber wenn Sie keine Surround-Anlage an Ihrem Computer angeschlossen haben, werden Sie den Surround-Effekt nicht hören können. In diesem Fall mischt Compressor das Multikanal-Format auf 2-Kanal-Stereo für die Wiedergabe auf Stereo-Lautsprechern (intern oder extern) ab.

Hier ist eine Illustration der zwei unterschiedlichen Wege, AC-3-Dateien am Mac wiederzugeben:

❶ Die Wiedergabe in Quicktime oder mit dem DVD-Player setzt einen externen Decoder voraus.

❷ Die Wiedergabe in Compressor nutzt den eingebauten Decoder. Es wird jedoch ein Audio-Interface vorausgesetzt, das mit einer Surround-Anlage verbunden ist.

❸ Die Downmix-Fähigkeit ermöglicht die Wiedergabe durch Stereolautsprecher.

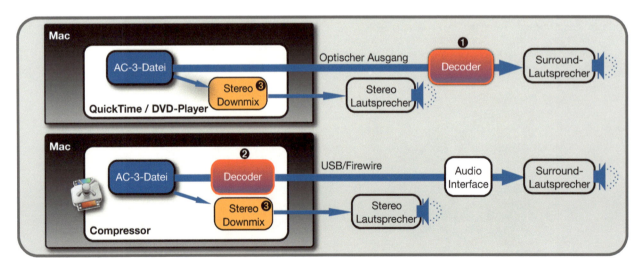

Renderfarm

Warum sollten wir etwas über Renderfarmen lernen, wenn wir nicht bei Pixar oder anderen Animationsstudios arbeiten? Weil dieses Thema nicht nur für große Unternehmen, sondern auch für jeden, der mehr als einen Computer im lokalen Netzwerk benutzt, relevant sein kann. Die gute Nachricht ist, dass alle benötigte Software in Compressor steckt. Jedoch kann einen das Einarbeiten in dieses Thema aufgrund der Fachsprache und der technischen Ausdrücke abschrecken.

Lassen Sie mich versuchen, dieses Thema auf eine Art und Weise zu erklären, die Sie hoffentlich neugierig genug macht, um festzustellen, dass das Ganze nicht so kompliziert ist. Es ist eigentlich ganz cool, wenn Sie es einmal versucht haben und Ihre eigene kleine Renderfarm am Laufen haben.

Verteilte Prozesse

Die erste Hürde, die Sie bewältigen müssen, ist wie bei vielen Technologien, die Fachbegriffe Clusters, Nodes, Services, Unmanaged Services, Shared Storage etc. zu verstehen. Es scheint einen zu erschlagen. Also beginnen wir mit dem grundlegenden Verständnis der Fachbegriffe und dem Grundkonzept, bevor wir irgendein Konfigurationsfenster öffnen.

Wir sprachen über Prozesse, insbesondere Kodierungsprozesse. Ein Prozess ist nichts anderes als ein modisches Wort für „Arbeit" oder „was zu tun". Nachdem Sie eingestellt haben, wie Sie Ihre Quell-Mediendatei in Compressor kodieren (ändern) wollen, drücken Sie die „Senden"-Taste, um den Prozess, also die Bearbeitung, zu starten. Und wem geben Sie die Arbeit? Meist dem Computer, an dem Sie arbeiten. Und wie lange arbeitet dieser Computer an der Kodierung? Das ist abhängig. Wenn Sie einen kleinen Auftrag und einen schnellen Rechner haben, ist die Arbeit schnell getan. Wenn Sie jedoch einen großen Auftrag haben, z.B. einen Zwei-Stunden-Film, der stark komprimiert werden soll, kann der Prozess, sogar mit einem schnellen Rechner, etliche Stunden benötigen. Darüber hinaus könnten Sie gezwungen sein, bei Ihrer aktuellen Arbeit (z.B. in FCPx schneiden) eine Pause einzulegen, während die Kodierung läuft.

Hier kommt die „verteilte Bearbeitung" ins Spiel. Anstatt einen Arbeiter zu haben, der ein Loch gräbt, stellen Sie fünf Arbeiter ein, die das Loch sehr viel schneller graben können.

Wie wäre es mit dieser Analogie?

- Klein-Timmy kommt mit fünf Seiten Mathe-Hausaufgaben aus der Schule. Anstatt sie alleine zu erledigen und die ganze Nacht daran zu sitzen, gibt er jedem seiner vier Brüder eine Seite und behält nur eine einzige für sich.

- Wenn er schlau ist, gibt er die fünfte Seite seiner Schwester. Also hat er alle Arbeit an seine Geschwister verteilt, ohne etwas selber zu machen. Dadurch kann er sich in der Zeit mit wichtigeren Dingen beschäftigen, z.B. ein Spiel spielen.

- Bleiben wir bei diesem Beispiel. Was ist, wenn einer von Timmy's Brüdern älter ist und die eine Seite der Hausaufgaben schneller erledigen kann, während der jüngere Bruder viel mehr Zeit dazu braucht? Timmy gibt diesem weniger Arbeit als dem älteren Bruder. Genauso funktioniert das bei den Computern. Sie können den Prozess auf mehrere Rechner verteilen, abhängig von den Kapazitäten der eingebundenen Computer, z.B. kann ein schneller MacPro mehr leisten als ein alter MacMini.

Prozess von einem Computer durchgeführt

Der gleiche Prozess, verteilt und ausgeführt von drei Computern

Schauen wir uns nun dieses Beispiel mit den richtigen Fachbegriffen an:

▶ Apple Qmaster

Apple Qmaster ist der Name des Systems, das die verteilte Bearbeitung ermöglicht. Apple führte dieses System 2009 ein und die Technologie wurde in Compressor und anderen Programmen wie FCPx, Motion, Shake und DVD Studio Pro benutzt. Es stiftete ein wenig Verwirrung, dass „Apple Qmaster" der Name des Systems für die verteilte Bearbeitung ist und ebenso auch der Name des Programms „Apple Qmaster", der begleitenden Client-Software, die genutzt wird, um gesendete Stapel zu verarbeiten.

▶ Client

Der Client ist derjenige, der möchte, dass die Arbeit erledigt wird und benutzt das System für die verteilte Bearbeitung, damit die Arbeit getan wird. In unserem Beispiel ist das Timmy, der möchte, dass die ihm aufgegebene Hausaufgabe so schnell wie möglich erledigt wird. In unserem Fall kann auf einem Client oder Client-Computer FCPx arbeiten, das ein Projekt mit dem verteilten System exportieren möchte. Oder es könnte Compressor sein, der einen ganzen Stapel so schnell wie möglich zum Kodieren senden möchte, und dabei das verteilte System nutzt.

▶ Cluster

Ein Cluster ist die Gruppe, die die Arbeit macht. Bei Timmy sind es seine Geschwister, die ihm bei seiner Hausaufgabe helfen. In unserem Fall ist es eine Gruppe von Computern, die in einem lokalen Netzwerk zusammengefasst sind. Der Client-Computer kann seine Arbeit an diese Gruppe von Computern senden.

▶ Service Node

Jedes einzelne Mitglied in einem Cluster, das „Arbeit akzeptiert" wird Service Node (oder manchmal nur Service oder Node) genannt. In Timmy's Welt könnte das jedes der Geschwister sein, das an dem gemeinsamen Einsatz beteiligt ist. In unserem Fall ist das jeder Computer im lokalen Netzwerk, der „Arbeit akzeptiert".

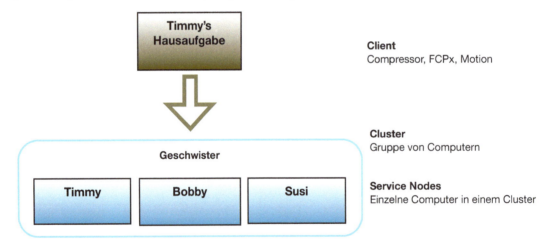

▶ Cluster Controller

Der Cluster Controller agiert als Manager, der den Prozess innerhalb des Clusters auf die effizienteste Art für bestimmte Cluster verteilt. In Timmy's Beispiel könnte er selbst das sein. Er weiß, dass er seiner jüngeren Schwester weniger Arbeit gibt als seinem älteren Bruder. In Computerbegriffen ist der Cluster Controller ein bestimmter Rechner in einem großen System. In kleineren Cluster-Konfigurationen mit weniger anspruchsvollen Anforderungen kann der Cluster Controller einem der Service Node-Computern zugewiesen werden.

▶ Shared Cluster Storage (Cluster-Speicher)

Dies ist ein Verzeichnis (ein festgelegter Ordner), der als zentrale In- und Out-Box funktioniert und auf die alle Rechner im Cluster Zugriff haben müssen. In Timmy's Welt könnte das ein Korb in der Küche sein, in den er seine Hausaufgaben-Zuweisung hineinlegt. Sein Brüder und Schwestern nehmen sich ihren Teil und legen ihn zurück, wenn Sie die Aufgabe erledigt haben. Das gleiche Prinzip gilt in der Computerwelt. Jeder Computer im Cluster muss Zugriff auf einen zentralen Speicherort haben. Das kann eine fest zugeordnete Speicherlösung in einem großen System oder nur ein Ordner auf einem der beteiligten Service Node-Rechner sein.

Apple Qmaster System

Hier ist ein kurzer Überblick über die verschiedenen Komponenten, die die verteilte Bearbeitung ermöglichen. Sie sind alle aus dem Compressor-Programm bequem zugänglich, allerdings mit einer ein wenig ungewöhnlichen Einbindung in die Programmoberfläche. Lassen Sie mich die Anordnung erklären.

Hier sind vier Komponenten eingebunden.

❶ Das Client-Programm

Das ist das Programm, das die Arbeit bereitstellt. In unseren Fall ist das Compressor, der den Stapel erstellt. Es können auch FCPx, Motion oder andere Programme sein, die Apple Qmaster unterstützt.

Die nächsten drei Komponenten sind über den Hauptmenü-Befehl *Apple Qmaster* zu erreichen

❷ Konfigurieren des Computers als Teil der verteilten Verarbeitung

Der Befehl *"Diesen Computer freigeben"* öffnet das Fenster *Apple Qmaster Sharing*. In seinen zwei Tabs finden Sie alle Parameter, um einzelne Computer in einen einfachen verteilten Verarbeitungsprozess einzubeziehen. (Diese Einstellungen waren in Compressor 3 eigene Systemeinstellungen und sind seit Compressor 4 integriert)

❸ Apple Qmaster

Der Befehl *"Render-Aufträge erstellen"* öffnet ein eigenes Programm, *Apple Qmaster*. Beachten Sie, dass das ein ungewöhnlicher Vorgang ist. Sie wählen einen Menübefehl in Compressor, der ein Fenster in einem anderen Programm öffnet, das unbemerkt im Hintergrund startet. Nur ein Blick in die Hauptmenü-Leiste beweist, dass zu einem anderen Programm gewechselt wurde, von Compressor zu Qmaster. Die gute Neuigkeit ist, dass Sie den Befehl und das geöffnete Programm nicht mehr brauchen, wenn Sie nur einfache Renderaufträge in Compressor vornehmen. (Sie brauchen es nur, wenn Sie Apple Qmaster als Client-Software für das Senden von Aufträgen und Stapeln für Shake und andere verwandte Programme benötigen.)

❹ Apple Qadministrator

Der Menübefehl „*Cluster verwalten*" verhält sich ähnlich. Sie wählen ihn aus, ein Fenster öffnet sich, und Compressor wechselt zu „*Apple Qadministrator*". Dieses Programm ist für erweiterte Cluster-Konfigurationen gedacht und kann bei einfachen Clustern ignoriert werden.

Compressor Hauptmenü

Apple Qmaster	Hilfe
❷ Diesen Computer freigeben	
❸ Render–Aufträge erstellen	
❹ Cluster verwalten	
Ohne Titel	

Wechselt zum Programm

Wechselt zum Programm

Compressor

Apple Qmaster

Apple Qadministrator

Falls Sie nach den Programmen "Apple Qmaster" und "Apple Qadministrator" suchen, sie liegen nicht im Programme- oder Dienstprogramme-Ordner. Sie sind in Compressor eingebettet. Öffnen Sie das Programm im Finder und lassen Sie sich den Paketinhalt anzeigen. Hier finden Sie einen Ordner mit dem Namen "EmbeddedApps", der die beiden Programme enthält.

Cluster Einstellungen

Wie erstellen Sie nun einen Cluster?

Als erstes müssen Sie wissen, dass Apple Qmaster drei unterschiedliche Arten von Cluster-Einstellungen unterstützt.

Einfache Cluster-Einstellungen: *"Dieser Computer Plus"*

Mittlere Cluster-Einstellungen: *"QuickCluster"*

Erweiterte Cluster-Einstellungen: *"Verwalteter Cluster"*

Wir haben schon die drei Hauptkomponenten innerhalb eines Clusters gelernt

- ▶ Client
- ▶ Cluster
- ▶ Cluster Controller
- ▶ Service Node ("Knotenpunkte")
- ▶ Shared Storage (Cluster-Speicher)

Denken Sie an diese Komponenten als „Aufgaben" in einer Cluster-Einstellung. Diese Aufgaben werden Computern in einem Cluster-Setup zugewiesen. Sie machen den Hauptunterschied zwischen den drei Cluster-Arten aus. Sie entscheiden, welche der Software-Komponenten (Aufgaben) auf welchem Computer laufen.

Das untere Beispiel zeigt die erweiterte Cluster-Einstellung, wo jede Komponente auf einem zugewiesenen Rechner läuft.

➡ Erweiterte Cluster-Einstellung: **Verwalteter Cluster**

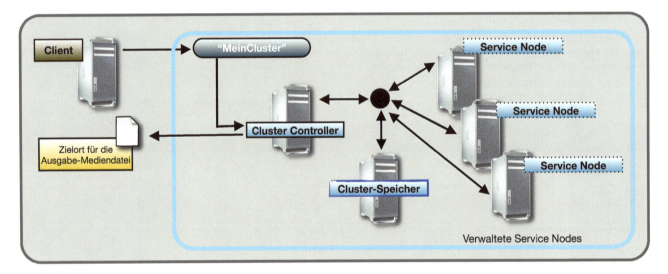

Beispiel:

- Auf einem Computer läuft die Client-Software (z.B. Compressor), die einen Auftrag an einen bestimmten Cluster sendet. Dieser Cluster mit dem Namen „MeinCluster" wurde vorab als Teil des Apple Qmaster-Systems konfiguriert und sein Name wird im „Senden"-Fenster von Compressor als verfügbare Bearbeitungsoption aufgeführt.

- Der *MeinCluster* hat einen zugewiesenen Computer mit dem Cluster Controller, der die Verteilung der Verarbeitung über die verfügbaren Service Nodes verwaltet

- Das *MeinCluster*-Beispiel hat drei zugewiesene Rechner, die als Service Nodes laufen. Sie werden „verwaltete Services" genannt, da sie Teil des konfigurierten *MeinCluster* sind, der durch seinen Cluster Controller kontrolliert wird.

- Ein separater Computer oder eine Netzwerkspeicher funktioniert als geteilter Cluster-Speicher, wo jeder Service Node seinen Teil des Prozesses lesen und schreiben kann.

- Der Cluster Controller packt dann alle einzelnen Elemente von den Service Nodes zusammen und sichert den vollendeten Auftrag am Ende an den Zielort, der in der ursprünglichen „Auftragsbeschreibung" durch den Client festgelegt wurde.

➡ Mittlere Cluster-Einstellungen: **QuickCluster**

Diese Art von Cluster hat all die Hauptkomponenten, allerdings mit zwei wichtigen Unterschieden:

▪ Der Cluster wird nur durch einen Rechner repräsentiert, auf dem der Cluster Controller läuft, der als Service Node funktioniert und den Cluster-Speicher trägt. Der sogenannte „QuickCluster" ist daher ein Cluster, der aus einem Computer gemacht ist. Jedoch ist dieser leicht zu konfigurierende Cluster (daher der Name „QuickCluster") ausreichend, damit ein Client Computer seinen Auftrag an diesen QuickCluster übergeben und ihn die Arbeit machen lassen kann, und dabei die eigene Prozessorleistung freigibt.

▪ Der zweite Unterschied im Vergleich zur erweiterten Cluster-Einstellung ist die Behandlung von Service Nodes. Der QuickCluster kann ebenso zusätzliche Service Nodes in einem Netzwerk (als eine Option) nutzen. Das sind Computer, die so konfiguriert sind, dass sie ihren Service in einem Apple Qmaster-System für die verteilte Bearbeitung verfügbar machen. Sie werden „nicht verwaltete Service Nodes" genannt, da sie nicht Teil einer bestimmten Cluster-Konfiguration sind.

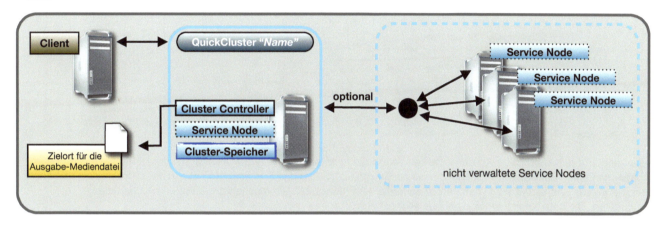

➡ Einfache Cluster-Einstellung: **Dieser Computer Plus**

Das ist der schnellste Weg, einen Vorteil aus einem System für verteilte Verarbeitung zu ziehen, ohne dabei komplizierte Cluster-Einstellungen vornehmen zu müssen. Es enthält nur zwei Teile:

▪ Wie Sie in der Illustration sehen können, ist technisch gesehen kein Cluster involviert. Der Computer, auf dem der Client läuft, enthält ebenso die Funktion des Cluster Controllers, der Service Nodes und den Cluster-Speicher.

▪ Wenn der Prozess jedoch nur auf dem Client-Computer („*Dieser Computer*") läuft, wird er nicht verteilt. Hier kommt das „Plus" hinzu. Der Cluster Controller, der auf diesem Rechner läuft, sucht im Netzwerk nach nicht verwalteten Service Nodes. Das sind Computer, die so konfiguriert sind, dass sie ihren Service in einem Apple Qmaster-System für die verteilte Bearbeitung verfügbar machen (die gleiche Art von Rechnern wie beim QuickCluster). Wenn irgendwelche Service Nodes gefunden werden, wird der Verarbeitungsprozess automatisch zwischen **diesem Computer „plus"** den nicht verwalteten Service Nodes aufgeteilt.

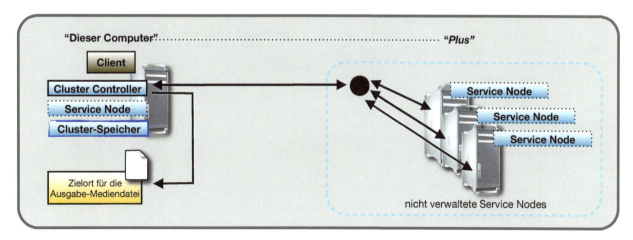

„Mach die Bearbeitung auf diesem Computer (der Client), PLUS schau nach anderen Computern im Netzwerk, die ihren Service anbieten"

Mit all unserem Wissen schauen wir uns nun am Ende an, wie diese Cluster konfiguriert und genutzt werden.

 Dieser Computer Plus - Einstellungen

▶ **Benutzen des Clusters**

"Dieser Computer Plus" ist in Compressor, FCPx und Motion verfügbar. Schauen Sie immer, wenn Sie einen Prozess starten (Export, Stapel etc.) nach der "Dieser Computer Plus"-Option.

- **In Compressor**: Wenn Sie die Senden-Taste drücken, erscheint ein Dialogfenster. "Dieser Computer" ist die Standard-Einstellung im *Cluster*-Popupmenü. Mit dieser Einstellung wird nur der momentan genutzte Computer für die Verarbeitung verwendet. Haken Sie jetzt die Checkbox „Dieser Computer Plus" an, um die Verarbeitung auf alle Computer in Ihrem Netzwerk, die ihren Service anbieten, zu verteilen.

- **In FCPx oder Motion**: Die meisten der Export-Optionen im Bereitstellen-Menü zeigen ein Konfigurationsfenster mit einem „Erweitert"-Tab an. Hier werden Einstellungen für Rendern im Hintergrund vorgenommen. Wählen Sie die Option „Dieser Computer Plus" aus dem Popupmenü aus.

Compressor - Stapel senden

FCPx oder Motion - Export

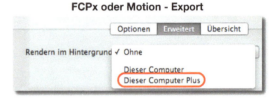

Das ist der Grund, warum diese Art der verteilten Verarbeitung so einfach ist. Vom Client aus müssen Sie nur diese immer vorhandene Option auswählen. Wenn sie einmal ausgewählt ist, sucht das System automatisch nach Computern, die ihren Service anbieten und bindet sie in den gemeinschaftlichen Prozess ein. Sie müssen die Computer jedoch zuerst konfigurieren. Die gute Neuigkeit ist, dass das sehr einfach ist.

▶ **Den Cluster konfigurieren**

Eigentlich brauchen Sie nicht den Cluster, sondern nur die Service Nodes zu konfigurieren. Jeder Computer, den Sie als Service Node für verteilte Prozesse verwenden wollen, setzt folgende Einstellungen voraus:

- Installieren Sie als erstes Compressor auf dem Rechner.

- Öffnen Sie das Apple Qmaster-Sharing-Fenster mit *Apple Qmaster > Diesen Computer freigeben > Konfiguration*.

- Haken Sie die Checkbox „Diesen Computer freigeben" an und wählen Sie „als nur Dienste" aus. Dadurch wird der Computer zum Service Node und ist bereit, verteilte Aufträge anzunehmen.

- Im nächsten Bereich des Fensters haken Sie die Checkbox „Compressor" an. Die „Optionen"-Taste öffnet ein Fenster, das die „Anzahl der Instanzen" anzeigt, oder in anderen Worten, die Anzahl der Cores im Prozessor des Computers. Im Popupmenü können Sie auswählen, wie viele Cores Sie verfügbar machen wollen. Bedenken Sie, dass mehr nicht immer besser ist. Es hängt vom vorhandenen Arbeitsspeicher (RAM) ab. Der ausgewählte Wert sollte nicht größer sein als „2x des vorhandenen RAMs".

- Haken Sie die anderen Checkboxen nicht an (sie könnten sogar schon inaktiv sein). Lassen Sie die anderen Einstellungen in der erweiterten Konfiguration auf deren Standardwerten.

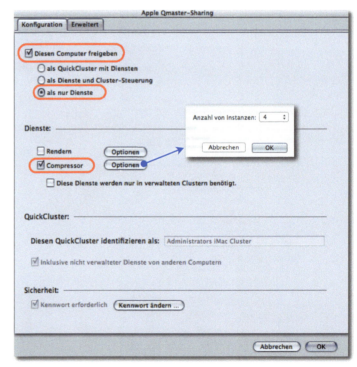

🌐 QuickCluster - Einstellungen

▸ Benutzen des Clusters

Dieser Cluster ist ebenfalls in Compressor, FCPx und Motion verfügbar.

- **In Compressor**: Wenn Sie die Senden-Taste drücken, erscheint ein Dialogfenster. "Dieser Computer" ist die Standard-Einstellung im *Cluster*-Popupmenü. Das Popupmenü listet alle konfigurierten Cluster, verwalteten Cluster oder QuickCluster auf. Im unteren Beispiel ist der MacBook Cluster ein konfigurierter QuickCluster in diesem Netzwerk. Wenn Sie ihn auswählen, wird er für die verteilte Verarbeitung genutzt.

- **In FCPx oder Motion**: Die meisten der Export-Optionen im Bereitstellen-Menü zeigen ein Konfigurationsfenster mit einem „Erweitert"-Tab an. Hier werden Einstellungen für Rendern im Hintergrund vorgenommen. Das Popupmenü listet alle konfigurierten Cluster, verwalteten Cluster oder QuickCluster auf. Im unteren Beispiel ist der MacBook Cluster ein konfigurierter QuickCluster in diesem Netzwerk. Wenn Sie ihn auswählen, wird er für die verteilte Verarbeitung genutzt.

Compressor - Stapel senden

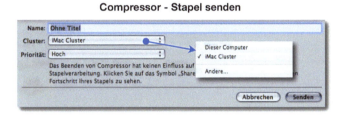

FCPx oder Motion - Export

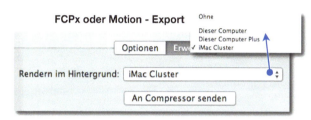

▸ Den Cluster konfigurieren

Die Konfiguration des QuickClusters enthält zwei Teile: Den Cluster selbst und die Service Nodes.

- Installieren Sie als erstes Compressor auf dem Rechner, den Sie als QuickCluster verwenden wollen.

- Öffnen Sie das Apple Qmaster-Sharing-Fenster mit *Apple Qmaster > Diesen Computer freigeben > Konfiguration*

- ❶ Haken Sie die Checkbox „Diesen Computer freigeben" an und wählen Sie „als QuickCluster mit Diensten" aus. Dadurch wird der Computer als QuickCluster konfiguriert.

- ❷ Im nächsten Bereich des Fensters haken Sie die Checkbox „Compressor" an. Die „Optionen"-Taste öffnet ein Fenster, das die „Anzahl der Instanzen" anzeigt, oder, in anderen Worten, die Anzahl der Kerne im Prozessor des Computers. Im Popupmenü können Sie auswählen, wie viele Kerne Sie verfügbar machen wollen. bedenken Sie, dass mehr nicht immer besser ist. Es hängt vom vorhandenen Arbeitsspeicher (RAM) ab. Der ausgewählte Wert sollte nicht größer sein als „2x des vorhandenen RAMs".

- ❸ Im nächsten Bereich unter QuickCluster geben Sie einen Namen ein oder verwenden den Standardnamen. Das ist der Name, der im Cluster-Popupmenü erscheint, wenn Sie einen Stapel senden (in diesem Beispiel „MacBook Cluster"). Haken Sie die Checkbox „Inklusive nicht verwalteter Dateien von anderen Computern" an. Dadurch wird es dem Cluster ermöglicht, nach anderen, nicht verwalteten Service Nodes im Netzwerk zu suchen, um diese in den verteilten Verarbeitungsprozess einzubinden.

- Haken Sie die anderen Checkboxen nicht an (sie könnten sogar schon inaktiv sein). Lassen Sie die anderen Einstellungen in der erweiterten Konfiguration auf deren Standardwerten.

Wenn Sie nun andere Computer als Service Nodes einbinden möchten, müssen Sie diese als Service Nodes konfigurieren. Es sind die gleichen Einstellungen wie bei „Dieser Computer Plus", was auf der vorherigen Seite beschrieben ist.

⚪ Verwalteter Cluster - Einstellungen

Die Konfiguration eines verwalteten Clusters ist komplexer und benötigt das Apple Qadministrator-Programm. Sie können es aus dem Hauptmenü mit *Apple Qmaster > Cluster verwalten* öffnen.

Das ist für anspruchsvollere Prozessanforderungen, die Konfigurationen durch den Systemadministrator voraussetzen. Auf diesen Bereich möchte ich nicht eingehen und es dem offiziellen Handbuch von Apple überlassen, welches weitere Informationen beinhaltet.

⚪ Sonstige Konfigurationen

Das „Erweitert"-Tab im Sharing-Fenster von Apple Qmaster hat folgende zusätzliche Einstellungen:

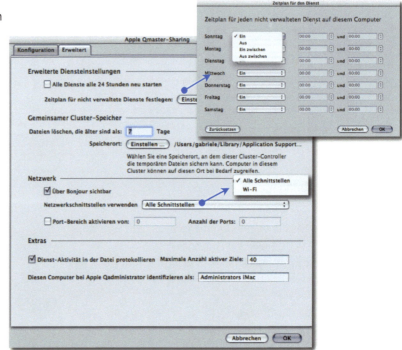

- Dienste alle 24 Stunden neu starten oder einen speziellen Zeitplan im Zeitplan-Fenster erstellen.

- Einen gemeinsamen Cluster-Speicher verwalten. Legen Sie einen Ort und eine Zeit fest, um den Ordner zurückzusetzen. Das ist der Standard-Zielort „Cluster-Speicher", der im Zielorte-Fenster auftaucht.

- Netzwerk-Konfiguration verwalten.

- Verwalten von Protokoll-Dateien.

- Name des Computers für Cluster-Identifikation festlegen.

Gemischte Umgebung

Wenn Sie einmal Ihre Cluster und Service Nodes konfiguriert haben, hat jeder Client-Computer in Ihrem Netzwerk Zugriff darauf. Das bedeutet, dass mehr als ein Client sie benutzen kann. Das ist ähnlich wie bei einem Netzwerkdrucker, wo jeder Computer in diesem Netzwerk den Drucker benutzen kann.

Share Monitor

Ähnlich wie bei einem Netzwerkdrucker, wo alle Aufträge, die zu diesem Drucker gesendet werden, in einer Warteschlange stehen, arbeitet die Druckersoftware (oder in unserem Fall der Cluster Controller) alle Aufträge ab.

Der Verlauf der Verarbeitung kann im Share Monitor beobachtet werden. Er zeigt den Fortschritt von jedem Service Node einzeln an, also welcher Auftrag erledigt ist, welcher in der Warteschleife liegt und welcher gerade bearbeitet wird. Das gibt Ihnen einen guten Überblick, wenn eine Menge Aufträge zur gleichen Zeit bearbeitet werden.

Quell-Mediendatei in den Cluster kopieren

Es gibt eine wichtige Entscheidung, die Sie treffen müssen, wenn Sie einen Cluster verwenden: Was soll mit der Quell-Mediendatei des Auftrags geschehen.

Normalerweise liegt sie auf dem Client-Computer. Wenn Sie die Verarbeitung an einen anderen Computer übergeben möchten, könnten Sie vielleicht auch die Quell-Mediendatei in den Cluster verschieben (geteilter Cluster-Speicher). Andererseits müssen die Service Nodes die Quelldatei die ganze Zeit vom Client-Computer lesen, wobei sie ihn ständig „stören", während Sie mit anderen Aufgaben fortfahren möchten.

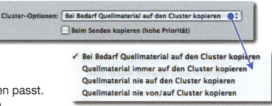

Wenn die Quell-Mediendatei allerdings ein paar Gigabyte groß ist, dann schlägt die Zeit, die der Cluster Controller zum Kopieren der Datei benötigt, den Vorteil der verteilten Verarbeitung.

Sie können in Compressor wählen, was am Besten zu Ihren Anforderungen passt. Das Einstellungen-Fenster enthält ein Popupmenü mit den verschiedenen Clusteroptionen.

Fazit

Hiermit schließe ich mein Manual *"Compressor 4 - So funktioniert´s"*. Ich hoffe, Ihnen dabei geholfen zu haben, dieses kleine aber auch mächtige Programm zu verstehen.

Weitere "Graphically Enhanced Manuals" finden Sie auf meiner Website: www.DingDingMusic.com/Manuals

Alle Titel sind als PDF-Downloads auf meiner Website und als Bücher bei Amazon.com erhältlich.

Manche Titel sind ebenso als Multi-Touch-eBooks in Apple's iBookstore erhältlich.

(Sprachen: Deutsch und Englisch).

Falls Sie meine visuelle Art des Erklärens von Konzepten hilfreich finden, können Sie gerne meine Bücher weiterempfehlen oder eine kurze Kritik bei Amazon auf meiner Buchseite hinterlassen. Dies hilft mir, diese Serie in Zukunft fortzusetzen.

Einen ganz besonderen Dank an meine wundervolle Frau Li für ihre Liebe und ihr Verständnis während der vielen Stunden, die ich an diesem Buch gearbeitet habe. Und nicht zu vergessen an mein Sohn Winston - als ich auf ihn während seines Fussball-Trainings wartete, konnte ich noch an ein paar Kapiteln arbeiten.

Informationen über meine Arbeit als Komponist und Links zu meinen Social Network Sites finden Sie unter:
www.DingDingMusic.com

Hören Sie sich meine Musik auch hier an: www.soundcloud.com/edgar_rothermich

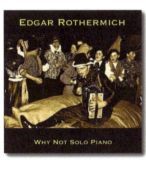 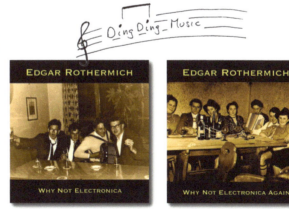 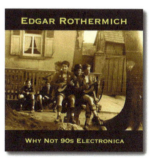

Wenn Sie mich direkt kontaktieren wollen, schicken Sie mir eine E-Mail an: GEM@DingDingMusic.com

Danke für Ihr Interesse und Ihre Unterstützung,

Edgar Rothermich